Negócio Fechado

Escrituras Editora e Distribuidora de Livros Ltda.
Rua Maestro Callia, 123
Vila Mariana – São Paulo, SP – 04012-100
Tel.: (11) 5904-4499 – Fax: (11) 5904-4495
escrituras@escrituras.com.br
www.escrituras.com.br

Diretor editorial
Raimundo Gadelha

Coordenação editorial
Mariana Cardoso

Assistente editorial
Bélgica Medeiros

Capa e projeto gráfico
Neide Siqueira

Editoração
Join Bureau

Revisão
Juliana de Araujo Rodrigues e Jonas Pinheiro

Revisão do texto em inglês
Douglas Smith

Dados Internacionais de Catalogação na Publicação (CIP)
(Câmara Brasileira do Livro, SP, Brasil)

Doblinski Jöhr, Suzana
Negócio fechado: guia empresarial de viagens / Suzana Doblinski Jöhr. – São Paulo: Escrituras Editora, 2013.

ISBN 978-85-7531-466-1

1. Relações interpessoais 2. Turistas – Guias 3. Viagens – Comportamento e etiqueta 4. Viagens de negócios – Guias I. Título.

13-07492 CDD-395.52

Índices para catálogo sistemático:

1. Etiqueta nos negócios: Viagens: Guias 395.52

Impresso no Brasil
Printed in Brazil

Suzana Doblinski Jöhr

Negócio Fechado

GUIA EMPRESARIAL DE VIAGENS

KPMG escrituras

São Paulo, 2013

Em uma empresa global como a KPMG, conhecer a fundo as especificidades culturais de cada país é imperativo. Embora o ambiente globalizado venha uniformizando muitos dos comportamentos, especialmente no mundo dos negócios, demonstrar respeito pelas diferenças e pelas características próprias de cada povo é um dos elementos que permite garantir o sucesso no relacionamento com clientes, profissionais, autoridades, comunidade de negócios e sociedade em geral.

Consonante com essa conjuntura, o Brasil mais do que nunca é peça importante dessa maior pluralidade do ambiente de negócios. O País tem uma maior inserção econômica e cultural e, por este motivo, é importante para nós, brasileiros, pessoal e profissionalmente, estarmos conscientes de nosso papel de agentes e interlocutores de nossa nação, nela e fora dela.

A KPMG no Brasil tem o prazer de participar do livro *Negócio Fechado*, por ele refletir em todos os seus aspectos a nossa missão de simplificar as complexidades do mundo e por enxergarmos nessa publicação uma contribuição para que todos estejam cada vez mais bem preparados para a atuação global.

Pedro Melo
Presidente da KPMG no Brasil

Negócio Fechado é a bússola que todo executivo atual necessita para entender as culturas negociais corretas, em qualquer continente do mundo. Numa economia sem fronteiras, a postura e a etiqueta podem ser fatores de sucesso numa transação comercial.

A KPMG conhece essa realidade – são mais de 152 mil profissionais espalhados por 156 países – e sabe que, ao auditar companhias em vários segmentos de Mercado, ao assessorar fusões, aquisições e *joint ventures*, analisar legislações tributárias ou implementar soluções de reestruturação/aperfeiçoamento gerencial, está levando a seus clientes a experiência acumulada das mais diversas culturas do planeta.

Com visão global e ação local, a KPMG no Brasil deixa lembrança aos amigos e parceiros com quem compartilha seu cotidiano de negócios.

Agradecimentos

Vivi momentos tão maravilhosos durante estes anos de pesquisa e morando a mais de 13 anos no exterior que gostaria de dividi-los com vocês. Esses anos me fizeram pensar sobre onde está a nossa cultura e onde poderá estar amanhã.

Assim, compreendendo as diferenças culturais, esse meu livro traduz de forma simples e prática os valores comportamentais indispensáveis para vencermos no mundo globalizado.

Para o meu esposo Hans, "o artista" que me inspira todo o tempo.

Sumário

Prefácio

A Suzana Jöhr Doblinski, consultora e pesquisadora, é extremamente experiente e comprometida com atitudes e comportamentos para que pessoas tenham sucesso na vida pessoal e profissional.

Todo executivo que planeja suas viagens ao exterior obterá neste livro informações importantes para facilitar e otimizar seu sucesso nas negociações com empresários de outras partes do mundo.

Partindo do princípio de que: "Você não tem uma segunda chance de causar uma boa primeira impressão", é fundamental estar familiarizado com os costumes e culturas dos países que fazem parte da sua agenda de reuniões de negócios, tais como hábitos à mesa durante refeições, apresentação e cumprimentos diante das pessoas, trajes adequados, pontualidade, entre outros.

Como exemplo, se você for convidado para um jantar ou almoço durante uma visita à China e lhe oferecerem um prato contendo um sapo ou camarões vivos, qual seria sua reação? Como reagiriam as pessoas que o convidaram diante de uma recusa de sua parte? Provavelmente, sua imagem estaria comprometida a tal ponto que poderia prejudicar suas negociações definitivamente. Esses e outros assuntos são tratados no capítulo específico sobre a China, que hoje tem um potencial de mais de um bilhão e trezentos milhões de consumidores.

A leitura e a prática das informações aqui contidas serão extremamente úteis e importantes nas suas viagens de negócios, para evitar certas "saias-justas" e "gafes" que poderão prejudicar ou mesmo inviabilizar o fechamento dos seus negócios no exterior, após meses de trabalho para conquistar um cliente.

A KPMG no Brasil tem o prazer de participar desta edição e espera que os executivos que se utilizarem de suas informações possam alcançar seus propósitos nas suas negociações com os empresários do exterior.

Bons negócios!

Lino Campion
Sócio aposentado da KPMG no Brasill

Introdução

Com a globalização da economia e a necessidade de realizar viagens internacionais para fechar negócios, a etiqueta tornou-se um imperativo no mundo empresarial. Saber lidar com outras culturas e outros costumes é fundamental para o executivo que pretende fechar bons negócios no exterior.

Com o movimento da internacionalização, o Brasil ocupa atualmente a terceira posição dos países mais visados pelas empresas multinacionais para receber investimentos, de acordo com a análise da Conferência das Nações Unidas sobre Comércio e o Desenvolvimento (Unctad). Isso faz com que as relações comerciais entre Brasil e outros países seja difundida, estabelecendo novas parcerias, contratos de fornecimento etc.

Sabendo dessa característica cada vez mais comum no mundo dos negócios, surge a necessidade de se conhecer um pouco melhor os costumes e a etiqueta dos países com os quais se pretende ter uma relação econômica. Tudo para evitar gafes ou crises de insegurança que, além do desconforto na hora de negociar, podem acarretar sérios prejuízos.

Mas o que se deve fazer para evitar qualquer tipo de constrangimento?

- primeira lição: obter informações sobre a cultura do país que você irá visitar;
- segunda lição: informar-se sobre o que está acontecendo por ora no país com relação à realidade social, política e econômica;
- terceira lição: evitar assuntos que possam causar má impressão;
- quarta lição: jamais falar mal da cultura e do país que você está visitando.

Para executivos que lidam com estrangeiros, a etiqueta é um amuleto para os negócios. Assim, este livro se destina a orientar executivos e empresários sobre como devem se comportar em suas viagens de negócios a outros países. É claro que algumas normas de etiqueta mudam com o tempo e até com a conjuntura econômica, mas a cortesia e o bom humor são imprescindíveis em qualquer época e ramo de atividade.

Suzana Doblinski Jöhr

Parte I

Europa

Oriente Médio e África

Oceania e Ásia

América Latina

América do Norte

NORUEGA
Oslo
DINAMARCA
GRÃ-BRETANHA
Dublin
IRLANDA
Amsterdã
HOLANDA
Londres
Berlim
ALEMANHA
BÉLGICA
Bruxelas
LUXEMBURGO
Paris
Berna
SUÍÇA
FRANÇA
ITÁLIA
MÔNACO
ANDORRA
VATICANO
PORTUGAL
Madri
ESPANHA
Lisboa
MAR MEDITERRÂNEO

EUROPA

Alemanha

Dinamarca

Espanha

França

Inglaterra

Itália

Polônia

Portugal

Suécia

Suíça

Alemanha

Maior centro financeiro da Europa e capital mundial das feiras de negócios, Frankfurt recebe milhares de executivos em busca das últimas novidades. Se existesse um paraíso no céu dos executivos, certamente seria parecido com Frankfurt. Para o homem de negócios, dificilmente outro lugar do mundo se compara a essa cidade alemã.

Poderosa em dois segmentos importantes da economia – na área de serviços e no setor industrial –, oferece excelente sistema de apoio ao viajante de negócios a negócios, possui invejável infraestrutura de transportes, está situada no coração geográfico e econômico da Europa e influencia todo o continente europeu e boa parte do mundo.

Em média, são realizadas aproximadamente 150 feiras de negócios por ano, entre as mais importantes do mundo, cerca de dois terços ocorrem na Alemanha. As feiras são um excelente evento concentrado para negócios e contatos comerciais, sendo a sua internacionalidade a principal vantagem. Muitos acordos são fechados, em Frankfurt, entre parceiros de países distantes, sem necessariamente envolverem a Alemanha.

À medida que a economia do Brasil se globaliza, aumenta a presença de expositores e visitantes brasileiros nas feiras da cidade. Apesar das diferenças culturais, o mercado alemão tem um potencial que merece crescente atenção de investidores e negociantes estrangeiros.

Cumprimentos e apresentações

As apresentações são feitas diretamente, sem intermediários, um aperto de mãos razoavelmente firme é o costume entre os homens, muitas vezes com uma ou duas "subidas e descidas de braço". Apenas amigos muito íntimos se cumprimentam com um abraço. Se for apresentado a uma pessoa hierarquicamente mais importante, espere que ela estenda a mão primeiro.

Ao apertar mãos, nunca o faça com uma no bolso. Na Alemanha, por essa razão, crianças são repreendidas desde cedo, pois se trata de um gesto que indica falta de educação.

Comportamento

Mostre-se bem-humorado, mas não exagere. Os alemães são extremamente formais e não apreciam intimidades quando ainda não conhecem a pessoa.

Se você vir um alemão com uma aliança na mão direita, não pense que ele está noivo. É costume usarem a aliança de casamento nesta mão.

Pontualidade

Os alemães são muito pontuais. Chegar atrasado a uma reunião é uma catástrofe. O tempo é aproveitado ao máximo.

Comunicação

Os alemães mantêm certa distância quando estão conversando.

Não é educado usar o primeiro nome em reuniões profissionais e lembre-se de mencionar os títulos dos superiores.

A mulher na sociedade

O que prevalece é a igualdade de direitos. As mulheres alemãs são muito independentes e não aceitam submissão. A maioria divide as despesas e os afazeres domésticos com o marido, já que empregados domésticos são muito raros no país.

Como fazer negócios

Os alemães negociam agressivamente e vão direto ao objetivo. As respostas são rápidas e raramente algum assunto fica para o dia seguinte. Estão sempre bem preparados para as reuniões e defendem as suas opiniões até a exaustão. Para eles os fatos e objetivos são mais do que as relações pessoais. É caso para dizer que "trabalho é trabalho, conhaque é conhaque". Como a Alemanha depende de exportações e de relações comerciais em nível mundial, é essencial que se assuma uma postura de parceiro comercial.

Caso esteja impossibilitado de ir a uma reunião marcada com um executivo alemão, não se faça substituir por um subordinado. Isso não é bem visto. E, se a finalidade da reunião for fechar um negócio, então esqueça essa hipótese. "Não faz sentido ser outra pessoa a negociar, uma vez que para nós ela não tem poder decisório".

Preste muita atenção à sua postura em uma reunião. Para um alemão, tirar o paletó e arregaçar as mangas é sinal de desleixo. O executivo brasileiro deve levar o máximo de informações sobre sua empresa, pensando na expectativa do parceiro alemão. O material informativo tem de ser preparado em inglês ou mesmo em alemão, já que o português e o espanhol não são conhecidos por lá.

Também é muito importante manter o parceiro informado, comunicar antecipadamente o dia em que você vai chegar ao país e dar um resumo do que foi decidido na reunião. A força da palavra é muito grande e o alemão acredita na pessoa até ela provar o contrário. Por exemplo: se você se compromete a enviar uma amostra de produto até uma data determinada, deve cumprir. Do contrário, sua imagem cairá perante o parceiro.

Ao contrário do norte-americano, o alemão tem uma cultura geral bastante ampla e conhece bem o Brasil. Mesmo assim, é importante que o executivo brasileiro faça um marketing do país. Mostrar dados que comprovem nossas capacidades industriais causa surpresa, principalmente junto a parceiros que ainda têm pouca experiência em lidar com o nosso país.

E ninguém precisa se acanhar em mostrar que não quer ficar num hotel caro. Isso não tira o *status* de ninguém junto a um alemão!

À mesa

Ao contrário da ideia corrente, a cozinha alemã não se restringe a joelho de porco e chucrute.

Existem cada vez mais opções de restaurantes, que chegam a competir com os franceses e os italianos. Ao lado desses, encontra-se a cozinha regional alemã com suas variedades de pratos e bebidas especiais. Os vinhos desfrutam de alto conceito no mundo inteiro, e não é preciso mencionar que os alemães entendem bastante da fabricação de cerveja.

Os homens são muito corteses com as mulheres, ajudando-as a retirar os casacos, por exemplo.

Em alguns restaurantes, se houver cadeiras vazias na sua mesa e nenhuma outra livre no salão, o *maître* pode colocar outras pessoas com você. Isso é bastante comum – e você também pode fazer o mesmo caso chegue ao restaurante e não exista lugar disponível. Não é necessário conversar com as outras pessoas, a menos que todas estejam inclinadas a fazê-lo.

Em jantares, não beba antes que o anfitrião tome a iniciativa. Ao brindar, bata os copos apenas em ocasiões especiais, como em um aniversário. Os homens brindam às mulheres, nunca o contrário.

Ao comer, uma boa regra é observar e seguir as ações do anfitrião alemão.

Frankfurt dispõe de excelentes restaurantes internacionais, mas lembre-se: almoços e jantares de negócios são deliciosas oportunidades para descobrir os segredos da culinária em sofisticadas casas ou nas típicas cervejarias. A tradicional *happy hour* invariavelmente acontece nas cervejarias, ao som de música típica.

Trajes

Cores sóbrias e ternos escuros. Jamais use uma gravata preta, a não ser que esteja de luto.

Educação

Autoridades e idosos são muito respeitados. Mascar chiclete enquanto se conversa com pessoas é considerado extremamente rude. Como observou um alemão: “Para os alemães, parece uma vaca ruminando”.

Agenda do executivo

Moeda: euro.

Língua: alemão.

Funcionamento dos bancos:
das 08:30 às 16 horas.

Horário comercial:
das 09:00 às 17:30.

Gorjetas: normalmente 10%.

Cartões de visita: deve-se sempre ter à mão uma boa quantidade de cartões de visita. Estes são trocados com frequência.

Visto: cidadãos brasileiros não precisam de visto para a Alemanha.

Carteira de motorista: o turista brasileiro pode dirigir na Alemanha, por um período de até seis meses, com uma Carteira Nacional de Habilitação (CNH) brasileira válida.

Calendário de feiras

URL: <http://www.nfeiras.com/alemanha/>.

Locais para convenções e reuniões

Messe Frankfurt GmbH
<http://www.messefrankfurt.com/frankfurt/en.html>

The Westin Grand Frankfurt
<http://www.westingrandfrankfurt.com/en>

Dinamarca

A Dinamarca é um país industrialmente desenvolvido, que inclui uma alta tecnologia nas atividades agrícolas, embora importe grande parte da matéria-prima utilizada na produção.

É fortemente ligada aos vizinhos Suécia e Noruega, com os quais mantêm fortes laços históricos e compartilha os aspectos culturais dos países nórdicos.

Trata-se de uma nação com alto padrão de qualidade de vida, na qual não há diferenciação entre ricos e pobres.

Cumprimentos e apresentações

Um aperto de mãos firme e relativamente breve é o costume. Ao encontrar-se com um casal, aperte primeiro a mão da mulher. Se estiver sentado, não deixe de levantar para apertar as mãos.

Comportamento

Ao contrário dos latinos, para o dinamarquês o conteúdo é mais importante do que o estilo. Não demonstre emoção nem os confunda com suecos e noruegueses.

Pontualidade

Pontualidade é obrigatória.

Comunicação

Os dinamarqueses são afáveis, mas não muito expressivos.

Como fazer negócios

Vá muito bem preparado às reuniões; os dinamarqueses são considerados habilidosos nos negócios e com uma ampla visão internacionalista.

À mesa

Brindar é uma prática comum e popular. Espere que o anfitrião tome a iniciativa. Antes de dar seu gole, não se esqueça dos "olhos nos olhos". Ao brindar, diga *skaal* – substituindo o nosso "saúde".

Se esticar a noite, cuidado com bebidas alcoólicas. As reuniões "etílicas" vão exigir muito cuidado. A boa cerveja do país e a *aquavit* (a "cachaça" dinamarquesa) completam a noite.

Não se esqueça: a bebida alcoólica na Dinamarca é muito cara!

Trajes

Vista-se do modo mais discreto possível.

Educação

Ser educado é muito importante. Por exemplo, passar por uma porta é uma cerimônia: as mulheres sempre são as primeiras. Ao subir uma escada, os homens vão primeiro; ao descer, devem ceder a dianteira às mulheres.

Os idosos são muito bem tratados. Um idoso (na Dinamarca, acima de 65 anos) recebe atendimento domiciliar que vai desde a ajuda nos cuidados pessoais e na alimentação até às consultas propriamente ditas, sem contar o acesso, via computador, de sua residência ao hospital mais próximo.

Agenda do executivo

Moeda: coroa dinamarquesa, mas vários estabelecimentos aceitam o euro.

Língua: a oficial é o dinamarquês, mas a maioria dos dinamarqueses falam inglês fluente.

Funcionamento dos bancos: das 9:30 às 16 horas, se estendendo até as 18 horas nas quintas-feiras.

Horário comercial: das 9 horas ou 10 horas às 17:30 ou 18 horas.

Gorjetas: normalmente as gorjetas já estão inclusas nas contas. Caso contrário, adicione 10%.

Cartões de visita: deve-se sempre ter à mão uma boa quantidade de cartões de visita. Estes são trocados com frequência.

Visto: os brasileiros que irão permanecer até noventa dias na Dinamarca não precisam de visto.

Carteira de motorista: se for alugar um carro, poderá usar a CNH brasileira.

Locais para convenções e reuniões

MeetinCopenhagen
<http://www.meetincopenhagen.com/>

Copenhagen Visitor Centre
<http://www.visitcopenhagen.com>

Espanha

Apesar da crise financeira na Espanha, segundo dados do Banco Central relativos ao censo de 2011, o país ainda é o 3º maior investidor estrangeiro no Brasil. O interesse espanhol em participar dos mercados ampliados na América Latina cria uma oportunidade que deve ser explorada pelos empresários brasileiros, a fim de incrementar as relações com os profissionais espanhóis qualificados que estão chegando à América Latina.

No mercado espanhol, é comum a figura do "agente comercial". Pela diversidade desse mercado, com grande número de pequenos empresários, o agente comercial pode ser uma opção para atingir uma alavanca mais eficaz. Os agentes podem ser classificados como: especializados, gerais e exclusivos, e podem atuar em nível nacional ou regional. No caso de designar um agente como "representante exclusivo", recomenda-se que seja estipulado um prazo específico para vigência da relação comercial.

Cumprimentos e apresentações

Os apertos de mãos são calorosos e amigáveis na Espanha, muitas vezes acompanhados de um leve tapinha. Os homens e as mulheres sempre apertam as mãos ao se encontrarem.

Comportamento

O povo espanhol tem um jeito aberto e receptivo, gosta de se divertir e aprecia as pessoas que estão na mesma sintonia. A simpatia característica permite aos visitantes conhecerem mais de perto a cultura do país, e, para quem fala português, é ainda mais fácil, devido à semelhança entre as línguas.

Pontualidade

A pontualidade é razoavelmente observada.

Comunicação

Seja caloroso ao se comunicar e mantenha a cortesia e a diplomacia. Seus parceiros espanhóis podem parecer um poucos distantes, mas isso é totalmente normal até que uma relação de confiança seja estabelecida.

Como fazer negócios

Leve o menor número possível de executivos para uma negociação, pois eles vão se sentir obrigados a contrapor em igual número, e isso pode ser complicado.

Horário de visitas: 10 às 14 horas e de 17 às 20 horas. Em muitos casos, é praxe o almoço de trabalho.

À mesa

Muitos costumes continentais são válidos: os convidados de honra sentam-se à direita do anfitrião; come-se com o garfo constantemente na mão esquerda; nunca se usa os dedos para empurrar comida para os talheres; mantêm-se os pulsos na mesa e evita-se colocar as mãos no colo e, para indicar que se acabou de comer, coloca-se o garfo e a faca em paralelo, atravessados no prato – colocar os talheres em lados contrários do prato pode ser interpretado como "gostaria de comer um pouco mais".

Não estranhe os horários: almoço entre 13:30 e 16:30 e jantar após às 22 horas.

Trajes

Em ambientes de trabalho, é comum a utilização do traje mais formal.

After hours

São 22 horas e a noite está só começando. Uma das peculiaridades notívagas da Espanha é o ir de *copas*, o constante ir e vir de pessoas que abarrotam as estreitas ruas da cidade. É tradição não ficar mais de meia hora em cada bar, tasca ou taberna. As pessoas preferem passar por vários locais e sentir o ambiente de cada um. Por incrível que pareça, a noite continua. Os *after hours* são discotecas indicadas para quem ainda quer esticar um pouco mais. Abrem a partir de seis horas da manhã e funcionam até o meio-dia.

O visitante se perguntará como podem aguentar esse pique. A resposta se encontra em um hábito que é praticamente uma instituição: *la siesta*. É a cochilada indispensável para os amantes da noite, que ocorre após o almoço, entre as 14 e 16 horas – hora em que tudo para, tempo suficiente para recarregar as energias. O executivo desavisado pode ser apanhado de surpresa. Fecham lojas, mercados até as igrejas. *La siesta es sagrada!*

Agenda do executivo

Moeda: euro.

Língua oficial: espanhol (castelhano). Contudo, em algumas regiões são utlizados outros idiomas, como é o caso do catalão, do galego, do andaluz e do basco.

Funcionamento dos bancos:
das 8:30 às 14 horas.

Horário comercial: das 9 às 14 horas e à tarde 17 às 20 horas.

Gorjetas: normalmente 10%. Não é obrigatória, mas considerada de boa educação.

Visto: brasileiros que pretendem ficar até noventa dias (turistas) na Espanha não precisam de visto, mas ao entrarem no país, exigem-se um comprovante de recurso financeiro equivalente a 147 reais por dia de permanência e passagem com data de retorno.

Carteira de motorista: a carteira de motorista provisória vale na Espanha por um período máximo de 6 meses.

Cartões de visita: tenha sempre uma boa quantidade.

Períodos recomendados para viagem: não é recomendável realizar viagens de negócios nos meses de julho/agosto e durante os feriados da Semana Santa e Natal.

Locais para convenções e reuniões

FIRA de Barcelona
<http://www.firabcn.es/>

Institución Ferial Alicantina
<http://www.feria-alicante.com/>

França

A França se beneficiou de inúmeras contribuições de outras culturas ao longo da sua história ao mesmo tempo em que difundia sua cultura para além de suas fronteiras, devido, entre outras razões, à universalidade de seu idioma.

As relações internacionais possibilitam à França desempenhar um importante papel no mundo, principalmente na Europa e na África, graças às múltiplas iniciativas no âmbito da cooperação bilateral e multilateral.

A França é o quarto exportador mundial de equipamentos de defesa, e seus principais clientes estão na própria comunidade europeia.

Perfumes

Oriundos de uma tradição secular, os perfumes franceses representam atualmente uma boa parte das exportações mundiais, e quatro dos oito maiores grupos do setor são franceses. Produto evanescente por excelência e que garante milhares de empregos e um faturamento colossal,

> o perfume francês é um artigo de luxo em constante democratização e um setor em fase de grandes transformações há alguns anos.

Percepção dos norte-americanos a respeito dos franceses

- Têm a síndrome do "deixa para depois". Não cumprem cronogramas de trabalho a contento.
- Não possuem senso de urgência.
- Ressentem-se dos americanos, porque estes não aceitam nenhum modelo além do seu.
- Mentalidade do sistema de castas – só negociam com pessoas de alta posição.
- Os franceses são mais abertos à globalização e a aprenderem nossa cultura e idioma.
- Os especialistas franceses não conseguem ser objetivos, o que impede avaliações objetivas. Qualquer pessoa pode ser um especialista e esse tipo de mentalidade se aplica até mesmo em avaliações cientificas.
- Os relatórios são minuciosos.
- Na França, os preparativos para o evento são tão importantes quanto o evento em si, com jantares antes das reuniões e homenagem após os jantares. Os franceses conhecem e asseguram as suas relações, enquanto os americanos têm uma mentalidade bem objetiva e vão direto ao assunto, sem rodeios.
- Os franceses operam através do acordo de cavalheiros, isto é, aderem ao espírito e à intenção do acordo no momento em que é fechado.

Cumprimentos e apresentações

Um único aperto de mão, breve e leve, feito com muita frequência (em chegadas, partidas, todos os dias). Um aperto de mãos forte e repetido é considerado falta de educação. Ao entrar em um recinto, é importante cumprimentar cada pessoa. A mulher francesa oferece a mão primeiro.

Comportamento

Evite conversar com as mãos no bolso, mascar chiclete em público, bocejar ou coçar-se em público, e conversar em voz alta.

Ao se sentarem, os franceses geralmente cruzam as pernas na altura dos joelhos. Boa postura e decoro são virtudes na França.

Pontualidade

Seja sempre pontual.

Comunicação

Os franceses são comunicativos e emotivos. Usam muito a linguagem corporal e as expressões faciais. Essas expressões são às vezes interpretadas como sendo uma reação negativa a uma questão.

Não use o primeiro nome nos contatos comerciais.

Como fazer negócios

Os franceses são mais formais do que os ingleses. Uma relação comercial pode começar mal se num simples aperto de mão não for transmitida firmeza. Este é apenas um de tantos pequenos detalhes que podem determinar o sucesso ou não de um negócio.

Os franceses pensam por dedução, enquanto os britânicos pensam indutivamente. Claro que isso tem repercussões na forma como as pessoas resolvem os problemas, fazem propostas, trabalham na empresa, planejam os negócios, dirigem as negociações e participam das reuniões. É natural para os franceses definir logo de saída a linha condutora da reunião e só depois passar aos fatos. A forma de os ingleses procederem é diametralmente oposta, pois são muito seguros do seu pragmatismo. Enquanto aqueles atuam pela lógica, estes se perdem nos detalhes.

Mas também é verdade que os executivos franceses falam demais durante uma reunião de negócios. Às vezes, levantam questões e falam de coisas que nem a parte contrária se lembraria de perguntar. Assim, você deve apresentar um plano direto com as linhas mestras daquilo que pretende fazer. Para refutar a opinião do seu adversário, mostre as falhas em sua linha de raciocínio.

Por serem mais formais, os franceses agem com maior distância. Em negociações durante a hora do almoço, é normal que um britânico faça circular sanduíches e café pela mesa de reunião, de forma a permitir que prossigam as conversações. Seria mal interpretado interromper a reunião para ir ao restaurante almoçar. Para um francês, é justamente o contrário. Ou seja, o bom vinho e a boa carne figuram um primeiro lugar no seu sistema de valores. "Levar um francês a um bom restaurante significa que você leva sério o seu interlocutor e quer prosseguir com as negociações da melhor forma possível", diz o presidente da Câmara de Comércio Luso-Francesa. Aliás, à medida que vamos caminhando para o sul da Europa, torna-se mais importante uma boa refeição, regada com bom vinho. Não porque os mediterrânicos sejam sibaritas, mas porque os relacionamentos pessoais assumem um papel relevante no quadro das relações comerciais.

À mesa

Em toda a França, os bistrôs são muito concorridos, mas você pode participar antes mesmo de o sol nascer e se deliciar com diferentes comidas, e sempre com o mesmo apetite. Porque, em qualquer situação, a comida é e continua sendo boa!

Às refeições, os franceses adotam o "estilo continental", com o garfo constantemente na mão esquerda. Igualmente, repouse os pulsos levemente sobre a mesa e não coloque as mãos no colo. Outras práticas à mesa:

- Os pães são partidos e comidos com as mãos e colocados ao lado do prato, normalmente direto na toalha;
- As frutas são descascadas com uma faca e comidas com um garfo.
- Os franceses acham estranho segurar sanduíches e outros alimentos semelhantes com a mão. É mais comum os cortar com garfo e faca.
- Quando se aproximar da mesa, deixe que o anfitrião indique seu lugar.

> "Se você fosse para uma ilha deserta, que alimento levaria?". Nenhuma surpresa: seis em cada dez franceses respondem "queijo". Dois terços dos franceses, de fato, consomem queijo diariamente.

Trajes

Terno e gravata é o uniforme de negócios. As cores mais sóbrias são as mais indicadas para todas as ocasiões.

Educação

A França é conhecida por sua educação muito polida.

> Uma última palavra sobre as atitudes e comportamento na França: lembre-se de que a palavra "etiqueta" vem do francês.

Agenda do executivo

Moeda: euro.

Língua: são muito orgulhosos do próprio país e da língua. Se você falar só inglês como idioma estrangeiro, terá muita dificuldade em estabelecer um bom relacionamento.

Funcionamento dos bancos: das 9 às 17 horas (alguns fecham para o almoço).

Horário comercial: das 9 às 17 horas.

Gorjetas: normalmente 10%.

Cartões de visita: não deixe de levar um bom estoque de cartões de visita, já que são trocados frequentemente.

Visto: brasileiros que irão permanecer até noventa dias não precisam de visto.

Carteira de motorista: a CNH brasileira é permitida.

Locais para convenções e reuniões

Parc des Expositions de Paris
<http://www.viparis.com>

Foires, Salons, Congrès et Evénements de France (FSCEF)
<http://www.fscef.com/>

Inglaterra

A Inglaterra é uma Seção da entidade conhecida como o reino da Grã-Bretanha e Irlanda do Norte. Cada uma das quatro nações que fazem parte do Reino Unido (Inglaterra, País de Gales, Escócia e Irlanda do Norte) tem história, cultura e língua ancestral distintas.

A maioria dos negócios internacionais do Reino Unido é realizada por intermédio da Inglaterra. No entanto, é útil conhecer a seguinte nomenclatura:

- Grã-Bretanha refere-se à ilha em que Inglaterra, País de Gales e Escócia estão localizados;
- embora os ingleses tenham o hábito de se referir a todos os nativos da Grã-Bretanha como *British,* esse termo não é apreciado pelos escoceses e galeses.

Cumprimentos e apresentações

Ao contrário do continente europeu, no qual há um aperto de mãos quando se chega e quando se parte, diariamente e até com o mesmo grupo de conhecidos, nesses três países

(Inglaterra, Escócia e País de Gales) o aperto de mãos é menos frequente.

Está nos seus planos um encontro com a rainha? É melhor estar bem preparado. Ao encontrar-se com a realeza, o costume de se curvar e fazer mesuras é opcional para estrangeiros. Contudo, para os homens, uma pequena inclinação da cabeça seria apropriada e apreciada e as mulheres devem fazer uma mesura curvando levemente um joelho. Quanto ao aperto de mão com os membros da realeza, a regra é que a iniciativa deve ser tomada por eles. Nunca toque a rainha, mesmo para guiá-la gentilmente em alguma direção.

Comportamento

Deve-se evitar conversar em voz alta e fazer qualquer tipo de algazarra em lugares públicos. Evite olhar fixamente para alguém em público. A privacidade é altamente valorizada e respeitada.

Pontualidade

Não esqueça que na Inglaterra existe um dos mais famosos relógios do mundo: o *Big Ben*. Seja pontual.

Como fazer negócios

Os britânicos detestam coisas muito sérias; é frequente um britânico começar uma reunião fazendo uma piada para deixar os interlocutores mais à vontade. Mas há certa formalidade nos negócios e nos contatos.

Caso pretenda negociar com um britânico, comece por apresentar os fatos. E, se quer contestar os seus argumentos, use provas concretas, pois é possível que se impacientem com meras teorias.

À mesa

Os restaurantes da Inglaterra podem concorrer com os melhores restaurantes de Paris, Nova York, ou qualquer outra grande cidade do mundo. Ao beber nos *pubs* britânicos, após pagar seu drinque, apanhe o troco. Deixá-lo (como é costume nos Estados Unidos) pode sugerir que você está dando uma gorjeta.

Trajes

O traje formal nos negócios e nos contatos é o mais apreciado.

Educação

Educação e bons modos são esperados e apreciados. Respeite a privacidade.

Dirigindo ao contrário

Algumas dicas para você não sofrer tanto ao alugar um carro com o volante do lado direito:

A cena é passível de acontecer em pelo menos um terço do mundo. Ou seja, em todos os países que, por influência britânica ou não, adotaram a mão inglesa no trânsito – aquela na qual os carros têm o volante do lado direito.

Você chega, aluga um carro, pega a chave, abre a porta, senta no que seria o lugar do motorista, prende o cinto... e dá o maior vexame porque à sua frente não há nada – só um insólito porta-luvas. O volante, os pedais, o painel, os botões estão do outro lado. De familiar mesmo, só a alavanca de câmbio, que continua no centro.

A confusão mental dura poucos segundos – tempo, porém, mais do que suficiente para você entrar em pânico. Se apenas ao entrar no carro você já errou de lado, imagine então do que não será capaz quando estiver dirigindo? E, enquanto metade do seu cérebro se preocupa com isso, a outra metade tenta separadamente encontrar uma maneira de mudar discretamente de assento sem chamar a atenção do manobrista, que a esta altura já o olha desconfiado. Você, então, disfarça, abre o tal porta-luvas, finge conferir se está tudo ali (flanelinha, mapa da cidade, manual do proprietário...), solta o cinto que acabara de prender (não sem antes dar uma puxadinha, simulando uma checagem da sua eficiência), dá um sorrisinho em tom de aprovação, respira fundo e sai para começar tudo de novo. Mais apavorado do que nunca.

Calma. Relaxe e ria do seu próprio erro. Nada mais tranquilizador do que uma boa risada, e pode ter certeza de que o tal manobrista rirá também. Aliás, ele já estava rindo por dentro mesmo. Pronto, agora sim. Uma vez menos tenso, prepare-se para dar a partida e sair por aí dirigindo ao contrário.

Infelizmente, não há regras infalíveis para evitar mancadas desse tipo. Mas com alguns pequenos truques dá para, pelo menos, controlar o terror de dirigir os primeiros quilômetros com tudo invertido. Antes de mais nada, atenção. Lembre-se de que você está com um carro com o qual não está acostumado, no meio de um trânsito ao contrário e ainda por cima numa cidade que, muito provavelmente, você não conhece. Por isso, pelo menos nos primeiros minutos, peça silêncio dentro do carro – no caso de, além de você, haver outras vítimas..., digo, passageiros a bordo. Se houver outros motoristas então, seja radical: proíba incondicionalmente qualquer palpite, sugestão ou comentário – motoristas odeiam outros motoristas. Principalmente quando os dois tentam dividir o mesmo volante. Feito isso, engate a primeira e saia devagar, mas sem tirar a mão da alavanca de câmbio. O truque é psicológico: permanecendo com a mão (a esquerda, naturalmente) na alavanca, você automaticamente ganha um referencial de que, se o câmbio está invertido, todo o resto também está. No mínimo, evita que a cada troca de marcha involuntariamente esmurre-se a porta à direita, em busca de uma alavanca – fato, aliás, muito corriqueiro. Com relação às marchas, a primeira continua do seu lado, mas o problema é que você mudou de lado! Ela, então, agora está à direita e não mais à esquerda do carro.

Mas ainda assim é a que está mais próxima da sua perna. Só que a perna agora é da esquerda e não mais da direita. Confundiu-se? Esqueça a teoria e mergulhe na prática. Pare o carro e simule dez vezes a troca de todas as marchas.

O segredo é, no começo, andar o máximo possível para pegar o jeito e "esquecer" mais rápido "como era fácil dirigir antes". Pratique, porém em linha reta, evitando esquinas e cruzamentos. Trânsito urbano, nem pensar. Mas, se precisar, siga o carro de frente – mesmo que ele vá para o lado errado. Vá em frente e pegue uma autopista (próxima dos aeroportos sempre há uma). Não se preocupe com o caminho: apenas vá (para voltar é só pegar o retorno). Ande uns trinta minutos – tempo suficiente até você arriscar uma ou duas ultrapassagens. Enquanto isso, procure se acostumar com o "tamanho" do carro, que cresceu do lado esquerdo – eles sempre crescem! Para não sair por aí zigue zagueando no meio da estrada, grude os olhos na faixa delimitadora da sua pista à direita e tente manter-se paralelo a ela. Isso significa que, se você estiver dentro da faixa da direita, estará também dentro do limite da esquerda – ou seja, perfeitamente dentro da faixa. Só tome cuidado para não prestar atenção demais ao seu lado direito e sair esmagando os carros dos outros com o esquerdo.

Ah! E use bastante os retrovisores. Nem que seja só para ver a cara dos seus passageiros frente ao seu desempenho ao volante. Se eles estiverem pálidos, é porque você entrou na contramão. De novo.

Agenda do executivo

Moeda: libra esterlina.

Língua: inglês.

Funcionamento dos bancos:
das 9:30 às 15:30. Muitos deles permanecem abertos por duas horas mais.

Horário comercial:
das 9 às 17:30 horas.

Gorjetas: a maioria dos hotéis e restaurantes inclui a taxa de serviço em suas contas. Quando o taxa não estiver incluída, costuma-se dar de 10 a 15% de gorjeta.

Cartões de visita: os cartões de visita são trocados livremente.

Visto: brasileiros que vão ficar até seis meses (como turista) não precisam de visto.

Carteira de motorista: o brasileiro poderá dirigir com a CNH brasileira até o período de um ano no Reino Unido.

Locais para convenções e reuniões

The Queen Elisabeth II Conference Centre
<http://www.qeiicc.co.uk>

Hyatt Regency London the Churchill
<http://www.qeiicc.co.uk>

Itália

Berço do Império Romano, a Itália é uma das cinco nações do mundo ocidental que dispõem de uma indústria aeronáutica completa e uma ampla tecnologia espacial. O Europen Space Research Institute [Instituto Europeu de Pesquisas Espaciais] (Esrin) está situado em Frascati.

O comércio exterior é particularmente desenvolvido entre a Itália e os países extracomunitários do mundo inteiro.

Milão é a capital dos negócios, das finanças e da cultura. Turim, o polo industrial predominantemente automobilístico e Gênova, pelo seu porto, é especialista em exportação e importação de produtos industrializados e matérias-primas.

A Itália se encontra entre os primeiros lugares nas estatísticas mundiais em número de turistas. Esses resultados estimularam as atividades relacionadas às instalações hoteleiras, aos serviços de restaurantes e a toda a infraestrutura de apoio.

Os italianos lutam pelas suas convicções. São firmes, mas não fechados, ou seja, mantêm a abertura necessária para permitir a compreensão do ponto de vista do outro.

Cumprimentos e apresentações

Aperte as mãos ao chegar e ao partir, independente da duração do encontro.

Comportamento

Os italianos são conhecidos por serem mais expressivos do que qualquer outro europeu: beijos no rosto entre amigos, abraços entre amigos do sexo masculino, apertos de mãos prolongados e assim por diante.

Pontualidade

Seja pontual.

Comunicação

Embora tenha havido certa mudança de hábitos, é recomendável chamar o seu interlocutor pelo sobrenome e título (p.ex.: engenheiro Brambilla, doutor Rossi etc.).

Como fazer negócios

Não estranhe a diferença entre a Itália empresarial e a Itália dos serviços públicos. A empresarial é de primeiríssimo mundo, a dos serviços públicos...

Há muita seriedade e profissionalismo nos negócios.

À mesa

Seria impossível imaginar um típico almoço italiano sem incluir os gloriosos *spaghetti, ravióli, cappelletti* e outros. Os estrangeiros inventaram o *slogan*: “Na Itália, come-se bem”. Contudo, não comece a comer antes do anfitrião.

Um almoço de negócios pode durar até duas ou três horas com toda a sequência de pratos e vários aperitivos e digestivos. Em contraposição, nos EUA não é raro almoçar hambúrguer regado a refrigerante dentro de um carro (que pena para os bons de garfo!).

Durante um jantar de negócios é indispensável saborear os vinhos italianos. A riqueza e variedade dos usos, costumes e dialetos são facilmente reconhecidos nessa península.

Seu anfitrião deve servir o vinho; os italianos consideram falta de feminilidade a mulher servir a bebida.

Curiosidade: os italianos não sobrevivem sem vinho

A International Food and Agribusiness Management Association [Associação Internacional dos Administradores de Alimentos e Agronegócios] (IAMA), sediada nos EUA, ao organizar o evento anual em Parma, se surpreendeu com o comportamento dos italianos, que insistiram em servir vinho a todos os participantes do congresso nas refeições ao meio-dia.

> Na Itália, o vinho é visto praticamente como um alimento, sendo, portanto, rude beber demais.

Trajes

Recomenda-se o uso do terno e de gravata nos encontros de negócios.

Educação

As mulheres, desde pequenas, são educadas para cobrirem as cabeças ao visitar igrejas. Da mesma forma, não se deve usar *short*, camisas sem manga ou blusas muito curtas.

Agenda do executivo

Moeda: euro.

Língua: italiano.

Funcionamento dos bancos: das 08:30 às 13:30 horas e das 14:45 às 16:15 horas.

Horário comercial: das 08:30 às 14 horas e das 15 às 18 horas.

Gorjetas: geralmente no valor de 10%, dependendo do nível do serviço prestado.

Cartões de visita: os cartões de visita são trocados como em outros países da Europa.

Visto: não é exigido de brasileiros.

Carteira de Motorista: A CNH brasileira é valida na Itália acompanhada do passaporte.

Locais para convenções e reuniões

http://www.macefbrasil.com.br/Macafe Milano
<http://www.macef.it/>

Meliã Milano
<http://www.melia-milano.com/it/index.html>

Polônia

Quando se fala em Polônia, a maior parte dos brasileiros pensa em um cenário de filme sobre a Segunda Guerra Mundial ou no papa João Paulo II, polonês cujo nome de batismo é Karol Wojtila. O que muito pouca gente sabe é que, mesmo com a crise que assola as finanças europeias, a Polônia vem se destacando como uma das economias mais dinâmicas do continente.

Esse país teve um papel de liderança na promoção da democracia em todo o leste europeu. Além de Varsóvia, agitado centro polonês de revitalização econômica, há também Cracóvia e Poznan, que são importantes polos de negócios.

Cumprimentos e apresentações

Aperte as mãos ao ser apresentado, ao encontrar alguém pela primeira vez no dia e ao partir. Os homens devem esperar que as mulheres estendam a mão primeiro. Também é muito comum os poloneses beijarem as mãos das mulheres.

Comportamento

Os poloneses não são muito chegados ao toque, portanto abraços não são comuns. As pessoas geralmente ficam a um braço de distância uma das outras ao conversarem e não há nenhum outro contato físico informal, exceto entre amigos muito íntimos.

Pontualidade

Marque seus encontros com antecedência e seja pontual.

Comunicação

Em geral, o polonês é individualista e só se reúne em grupos quando necessário. São mais reservados, mas bastante comunicativos.

Como fazer negócios

Quando for negociar com polonês, tome cuidado; não tente esconder nada, pois ele logo vai perceber. Seja calmo e muito honesto. Os poloneses são conhecidos como pessoas muito "perspicazes".

À mesa

A hospitalidade, a sinceridade e o senso estético dos poloneses, bem como o apego e o respeito à tradição, manifestam-se em suas mesas suntuosas. Você poderá ser servido do *borcht* – em polaco: *barszcz* branco ou vermelho, sopa de tripas, costeletas de porco, *rollatini* de carne com trigo sarraceno, chucrute ou repolho recheado.

Trajes

Nos negócios, seja o mais discreto possível.

Educação

Na Polônia, existem 159 escolas superiores. A primeira universidade do país foi a Academia da Cracóvia que está entre as mais antigas da Europa.

Agenda do executivo

Moeda: zloti.

Idioma oficial: polonês.

Funcionamento dos bancos: das 8 às 16 horas.

Horário comercial: das 8 às 17 horas.

Gorjetas: Em torno de 10%.

Cartões de visita: os cartões de visitas são normalmente entregues no começo do contato, ou seja, na apresentação.

Visto: não é necessário o visto para entrar na Polônia.

Carteira de motorista: é permitido dirigir com a CNH brasileira, mas para evitar qualquer aborrecimento tenha com você a Permissão Internacional para Dirigir (PID).

Locais para convenções e reuniões

Polônia Castle Hotel
<www.zamekpultusk.pl>

Sofitel Victória Warsaw
<http://sofitel-victoria-warsaw.h-rez.com>

Portugal

Com a crise econômica, os portugueses desembarcam novamente em terras brasileiras. De acordo com a historiadora Renata Santos, é fácil encontrar a influência lusitana em cada esquina.

Renata destaca que os portugueses que desembarcam atualmente no Brasil possuem um perfil diferente de antigamente, em sua maioria estão mais bem qualificados. No passado, eles vinham e abriam padarias, açougues e bancas de jornal. Hoje, os portugueses são empresários, acadêmicos e artistas.

http://www.agenciacontemporanea.com.br

Cumprimentos e apresentações

Como em muitos países latinos, um aperto de mãos caloroso e firme é a praxe. Ao se encontrar com amigos mais próximos, esse ato não se faz necessário; em vez disso, os homens podem dar tapinhas nas costas um do outro e as mulheres podem se abraçar e beijar no rosto.

Comportamento

Os portugueses são mais conservadores e formais em comparação aos brasileiros. Eles apreciam certa "intimidade". Pode-se, entretanto, classificá-los como menos "extrovertidos" em relação aos brasileiros.

Uma pesquisa divulgada recentemente na Península Ibérica revelou que os portugueses e os espanhóis são os povos mais asseados da Europa. O português é um vaidoso em potencial, por isso não descuida de sua imagem; 60% revelaram consultar frequentemente o espelho.

"Se para um português sair do escritório às vinte horas é normal, para um americano sair depois das dezessete horas é um crime", explica o secretário-geral da Câmara do Comércio em Portugal.

Pontualidade

Seja pontual.

Comunicação

O relacionamento é bastante facilitado por conta da língua. O que existe são alguns termos com significado diferente, alguns bastante conhecidos, mas que não chegam a causar grandes dificuldades ao brasileiro.

Há o caso de um executivo brasileiro especialista em treinamento de desenvolvimento gerencial. Ele costuma cultivar a simpatia de seu público através de uma explanação muito bem-humorada. Decidiu realizar várias palestras em Portugal. Sua preocupação foi de contatar um famoso humorista local e perguntar-lhe "do que riem os portugueses". O humorista português transmitiu sua experiência ao executivo brasileiro, de forma que ele pôde ajustar a sua linguagem ao senso de humor local.

Como fazer negócios

Os portugueses e os norte-americanos são formais e informais em situações diferentes. Por exemplo, nas relações de trabalho os norte-americanos são informais, provavelmente na segunda reunião já o tratarão pelo nome próprio. Em Portugal, sempre se usará o "doutor". Em contrapartida, o norte-americano não se preocupa em conhecer o vizinho ao lado no prédio em que vive.

Outra diferença é o espírito competitivo dos norte-americanos e o de cooperação dos portugueses. "Uma vez, numa visita a uma sucursal norte-americana no norte do país, o diretor-geral da empresa me explicou que o seu presidente não entendia que ele fosse almoçar duas vezes por semana com o diretor da empresa concorrente", conta Henrique Monjardino. Nos Estados Unidos, isso é impensável. Das duas uma: ou é uma caça de talentos de uma empresa para a outra, ou, então, algo suspeito está acontecendo.

Na maior parte das empresas portuguesas, as reuniões são uma confusão generalizada, pois falta a agenda. Falam todos ao mesmo tempo, sem especificar o assunto.

Os portugueses dão muito valor ao horário de almoço, e você provavelmente poderá ser convidado para almoçar se concretizar um grande negócio.

À mesa

Os portugueses comem segurando o garfo com a mão esquerda. Para sinalizar que acabaram de comer, colocam o garfo e a faca no prato. Raramente comem com as mãos, até mesmo as frutas são comidas com talhares.

Não use pão para passar em molhos. Antes de sair da mesa, dobre o guardanapo e coloque-o ao lado do prato.

Quando se pensa na cozinha portuguesa, rica em azeite de oliva, alho, ervas, tomate, peixe, marisco, arroz e ovos, a imagem nunca estará completa sem a adição de vinhos finos de mesa e o rico vinho do porto. Se você gosta de peixes, uma "caldeirada" (cozido de peixe) é uma especialidade, e o bacalhau é preparado de diversas maneiras.

Portugal é conhecido pela vasta gama e excelente qualidade dos seus vinhos. Ao falar dos vinhos portugueses, não se pode deixar de mencionar o da ilha da Madeira.

Trajes

É mais aconselhável vestir-se de forma conservadora, principalmente as mulheres.

Educação

Por natureza, os portugueses são afáveis e acolhedores, sentimentos que se equilibram com a família e a amizade.

Agenda do executivo

Moeda: euro.

Língua: embora Portugal e Brasil falem a mesma língua, há diferenças entre o português falado em Portugal e o falado no Brasil que podem comprometer qualquer negociação.

Vejamos um exemplo: o brasileiro diz comumente "me diga...", "me faça o favor...", expressando um modo de falar que traduz grande suavidade, ao passo que o português usa a colocação pronominal "diga-me...", "faça-me...".

O modo brasileiro é um pedido; o modo português é (na ótica brasileira) uma ordem. Assim, somos inimigos da ênclise e mais inclinados às intimidades.

Funcionamento dos bancos: das 8:30 às 15 horas.

Horário comercial: das 9:30 às 19 horas (segunda a sexta-feira); das 9 às 13 horas (sábado).

Gorjetas: nos táxis, o habitual é dar 10% dos serviços.

Cartões de visita: os cartões de visita são normalmente entregues no começo do contato, ou seja, na apresentação.

Visto: não é exigido.

Carteira de motorista: é permitido dirigir com a CNH brasileira até seis meses da data de sua chegada.

Período de viagens: durante o período de junho a setembro, os *business travellers* correm o risco de não encontrar os profissionais procurados devido ao período de férias.

Locais para convenções e reuniões

Venues Portugal
<http://www.venuesworld.com/portugal>

Pavilhão Atlântico
<http://www.pavilhaoatlantico.pt>

Suécia

A economia Sueca é relativamente pequena e aberta, numa mistura ímpar de capitalismo e socialismo. Depende em alto grau da exportação, sendo a Europa o principal mercado dos produtos suecos. Quase metade da produção industrial do país é destinada à exportação e algumas empresas do país vendem quase toda sua produção no exterior.

No plano pessoal, os suecos não estão tão interessados na "coletividade". Normalmente, eles são relutantes na aproximação com os outros e sua instrução e educação concorrem, em grande medida, para formar indivíduos livres e independentes.

Cumprimentos e apresentações

Como nos outros países nórdicos, o aperto de mãos é saudação comum, feita de modo firme e com uma ou duas sacudidelas. Contudo, nada de outros toques, como os abraços russos ou os toques de cotovelo associados aos países latinos.

Comportamento

Uma explicação corrente para o fato de que a Suécia destaca-se relativamente bem na concorrência internacional costuma ser a de que os suecos são eficientes. O certo é que eles desfrutam de longas férias e têm o direito legal e diversos tipos de licenças, mas são orientados para a qualidade e sistemáticos no trabalho. Isso contribuiu para a sólida reputação internacional de empresas como Volvo, Saab-Scania, Ericsson, Electrolux, Tetra Pak e IKEA.

A Suécia é reconhecida pelos estrangeiros e suecos como um país onde tudo funciona muito bem.

Pontualidade

Seja pontual.

Comunicação

Os suecos, normalmente, são descritos como tímidos e avessos a conflitos. As pesquisas comparativas de opinião pública indicam que os conflitos no seio das famílias e nos locais de trabalho são mais raros do que em muitos outros países.

Devido a esse autocontrole, para um estrangeiro, alguns suecos podem parecer um pouco insípidos ou formais, mesmo que não o sejam de modo algum. Visitantes que chegam à Suécia também se surpreendem com o excesso de agradecimentos e com os frequentes discursos formais e "brindes" feitos mesmo em pequenos jantares privados.

Como fazer negócios

Os suecos aparentam ser cautelosos, reservados e os processos de negociação podem ser mais longos do que o esperado. Uma vez que o contato seja estabelecido ele se mostra mais aberto e o andamento dos processos pode ocorrer mais suavemente.

Os suecos possuem uma forte cultura para a igualdade e eles desencorajam fortemente qualquer tratamento diferenciado.

Os brasileiros que adoram falar alto e gesticular podem estranhar muito seu parceiro sueco de fala calma e num tom de voz baixo.

Sistema de valores

Há uma forte necessidade de trabalhar em equipe.

À mesa

À mesa, o convidado de honra senta-se à direita da anfitriã e a convidada de honra, à direita do anfitrião. Os suecos comem com o garfo na mão esquerda, empurrando porções de comida para o garfo com a faca. O brinde mais comum é o *skoal* e aguarde o seu anfitrião tomar a iniciativa de fazer um brinde.

Trajes

Como não existe uma segunda chance de causar uma boa impressão, os executivos devem optar pelas cores mais discretas.

Educação

Em comparação aos brasileiros, os suecos tendem a ser sérios e evitam sentimentos e emoções em público.

Religião

Todos os cidadãos suecos, ao nascerem, são automaticamente membros da Igreja Luterana Estatal, no caso do pai ou da mãe também o serem. Não obstante, as comparações internacionais deixam uma coisa bem clara: a religião na Suécia exerce um papel muito menor na vida diária da população do que na maioria dos outros países.

Agenda do executivo

Moeda: coroa sueca.

Língua: sueco, mas o norueguês e o dinamarquês também são falados no país.

Funcionamento dos bancos: das 10 às 16 horas.

Horário comercial: das 09 às 18 horas.

Gorjetas: geralmente no valor de 10% dependendo do nível do serviço prestado. As gorjetas não estão incluídas nas contas dos restaurantes.

Cartões de visita: leve uma boa quantidade de cartões.

Visto: brasileiros com permanência até noventa dias não precisam de visto.

Carteira de motorista: a CNH brasileira é válida na Suécia por 1 ano.

Locais para convenções e reuniões

Stockholmsmässan, Stockholm International Fairs

<http://br.neventum.com/centros-convencoes/estocolmo/>

Nobis Hotel Stockholm
<http://www.nobishotel.se>

Idioma oficial

Sueco, mas o norueguês e o dinamarquês também são falado no país.

Suíça

A Suíça é considerada um dos países mais ricos do mundo. Foi graças à industrialização, à educação exemplar e aos centros de pesquisas e desenvolvimento que o país se desenvolveu pouco a pouco, tornando-se uma nação próspera.

Apesar de sua neutralidade diplomática, pode-se estabelecer com precisão onde se situa a Suíça no contexto das potências internacionais. Na condição de país rico, deve ser colocado ao "Norte", quer dizer, no grupo de países altamente industrializados.

Esse pequeno país tem, entretanto, uma importância econômica bem maior do que faz supor a sua dimensão territorial, graças a uma economia fortemente desenvolvida e às relações comerciais e financeiras muito ativas com todas as partes do mundo.

Pela estrutura da democracia direta dos seus estados e por alguns aspectos da sua vida política, a Suíça diferencia-se claramente dos outros países europeus.

Tem uma tradição de relações diplomáticas muito boas com os outros países e baseia-se em quatro alicerces que são a neutralidade, a universalidade, a solidariedade e a disponibilidade.

No centro da Europa está Zurique, o coração financeiro da Suíça, a terra dos bancos.

"A razão pela qual os investidores escolhem a Suíça para depositar seu dinheiro é a segurança. Antes de escolher um banco, você escolhe um país e o que ele representa", afirma Steffan Hoffman, um banqueiro membro da associação dos bancos suíços.

O que torna o país tão especial aos olhos do investidor estrangeiro é, na verdade, uma soma de fatores: um país economicamente forte, politicamente estável e, o principal, que obedece a um dos mais atraentes conjuntos de leis que regulam o sigilo bancário em todo o mundo.

A privacidade é questão de honra e seguida com precisão pelo povo que tem a fama de fabricar os melhores relógios do mundo. Zurique, aliás, possui o maior relógio da Europa, localizado na Igreja de São Pedro. Mas não se preocupe em procurá-lo, ele é visível de qualquer ponto da cidade.

O executivo brasileiro que viaja para a Suíça, dependendo da região, vai ser muito bem recebido. Os suíços apreciam muito o jeito "alegre" dos brasileiros.

Acredite se quiser

Tempos atrás, estive no órgão público para renovar meu passaporte suíço e o procedimento demorou somente seis minutos.

Depois de dois dias recebi o novo passaporte pelo correio. Em geral, os serviços públicos do país funcionam muito bem e são extremamente eficientes.

Cumprimentos e apresentações

Nas apresentações, raramente você vai descobrir que cargo hierárquico seu parceiro executivo ocupa na empresa. Eles evitam falar, pois julgam ser um tipo de ostentação.

Socialmente os suíços se cumprimentam dando três beijinhos.

Comportamento

A boa postura é considerada um atributo na Suíça. Cruzar as pernas é comum, mas não as estique ou fique largado na cadeira.

Pontualidade

É a terra do relógio, seja pontual.

Comunicação

Na comunicação, o suíço é considerado extremamente formal. São claros na comunicação e normalmente querem chegar ao ponto rapidamente.

Como fazer negócios

Com a diversidade linguística suíça, é importante você se informar de que parte da Suíça *(Canton)* o seu contato vem, oferecendo uma oportunidade de praticar alemão, francês, inglês ou italiano. Normalmente os suíços falam mais do que duas línguas. Recomenda-se enviar um profissional linguisticamente preparado.

Também é bom manter a formalidade e a discrição nos contatos. Ter paciência é importante, principalmente se houver mudanças.

Para estabelecer um contato mais próximo com um suíço leva tempo. Ele pode ter um ótimo contato profissional, mas irá guardar certa distância para proteger e resguardar sua privacidade.

O suíço alemão tende a ser mais reservado, enquanto o suíço francês e italiano apreciam *small talk* antes das negociações.

À mesa

Algumas das especialidades culinárias mais famosas são à base de queijo. E você não se arrependerá de experimentar os famosos *fondues*.

Os restaurantes funcionam para o almoço das 12 às 13 horas. Jantar entre 19 e 20 horas. Raramente um suíço sai para jantar após as 20 horas.

Trajes

Seja sóbrio ao se vestir.

Educação

O sistema de ensino suíço é tão variado quanto as bases culturais nas quais se alicerça, porém é organizado com rigor e qualidade.

Para um bom currículo escolar, é importante estudar numa escola pública. Somente 5% da população paga uma escola privada. A disciplina é quase uma religião.

Religião

Caracteriza-se por uma coexistência harmoniosa de dois grupos confessionais da mesma importância, os católicos romanos (48%) e os protestantes (44%).

Agenda do executivo

Moeda: franco suíço.

Língua: na Suíça, falam-se quatro idiomas: alemão, francês, italiano e reto-romano. O inglês é muito comum no mundo dos negócios. As escolas desempenham um papel-chave na reaproximação das quatro línguas. No sétimo ano escolar, o mais tardar, todo aluno deve aprender uma segunda língua nacional. Todos os alunos devem fazer um exame de uma língua oficial que não seja a sua para o Certificado de *Maturité* (bacharelato), sendo os principais idiomas o alemão e o francês.

Funcionamento dos bancos: das 9 às 17 horas. Não existem casas de câmbio, basta ir munido do passaporte aos bancos para a troca da moeda.

Horário comercial: das 8:30 às 17 horas. Os pequenos comerciantes não abrem nas manhãs de segundas-feiras.

Gorjetas: normalmente 10%.

Cartões de visita: apresentar e trocar cartões de visita é um costume importante; portanto, leve um bom estoque.

Visto: brasileiros que forem permanecer até noventa dias não necessitam de visto.

Carteira de motorista: se alugar um carro, poderá usar a carteira de CNH brasileira, mas lembre-se de que na Suíça pedestre tem vez: os sinais são respeitados.

Locais para convenções e reuniões

Hilton Zurich Airport
<http://www1.hilton.com>

Hilton Basel Hotel

<http://www3.hilton.com>

TUNÍSIA
MAR
MEDITERRÂNEO
MARROCOS
ARGÉLIA
LÍBIA
EGITO
SAARA
OCIDENTAL
MAURITÂNIA
MALI
NÍGER
CHADE
SUDÃO
SENEGAL
GÂMBIA
GUINÉ
GUINÉ-BISSAU
NIGÉRIA
REPÚBLICA
CENTRO- AFRICANA
SERRA LEOA
LIBÉRIA
COSTA DO MARFIM
GANA
TOGO
BENIN
CAMARÕES
GABÃO
CONGO
ZAIRE
RUANDA
ANGOLA
ZÂMBIA
NAMÍBIA
Botsuana
ÁFRICA
DO SUL

ORIENTE MÉDIO E ÁFRICA

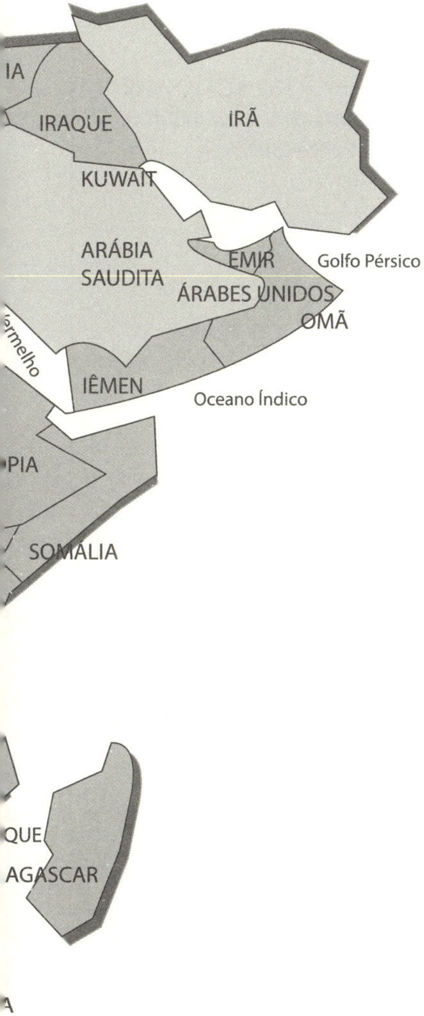

África do Sul

Arábia Saudita

Irã

Israel

ASPECTOS CULTURAIS DO ORIENTE MÉDIO
(com exceção de Israel)

RELIGIÃO É A ISLÂMICA.

CUIDADOS COM A COMIDA (PROIBIDO SE ALIMENTAR COM CARNE DE PORCO, POR EXEMPLO) E COM BEBIDA (A BEBIDA ALCOÓLICA É PROIBIDA).

APRECIAM A AMIZADE E A GENEROSIDADE.

A MULHER É RELEGADA AO SEGUNDO PLANO NA SOCIEDADE, SOFRENDO UMA SÉRIE DE RESTRIÇÕES.

É RECOMENDÁVEL NÃO USAR A MÃO ESQUERDA PARA CUMPRIMENTAR SEUS ANFITRIÕES, POIS ESTA É CONSIDERADA IMPURA, PORQUE É USADA NA HIGIENE PESSOAL!

É COMUM UM TIPO DE "COLAR DE CONTAS", TAMBÉM CONHECIDO COMO *MASBAHA*, QUE MUITAS PESSOAS MANIPULAM ENTRE OS DEDOS E AS MÃOS. ESSE COLAR SERVE PARA A MEDITAÇÃO E TAMBÉM PARA A CONCENTRAÇÃO DURANTE A REPETIÇÃO DAS PALAVRAS DA ORAÇÃO MUÇULMANA.

OS ISLÂMICOS DEVOTOS REZAM CINCO VEZES AO DIA, COM O ROSTO VOLTADO PARA MECA, CIDADE SAGRADA DA RELIGIÃO ISLÂMICA.

EVITE CRUZAR AS PERNAS PARA NÃO MOSTRAR A SOLA DOS SAPATOS PARA O SEU INTERLOCUTOR: NÃO É EDUCADO!

África do Sul

Os sul-africanos são bastante diretos, trabalhadores e possuem elevada capacitação técnica. No entanto, a palavra-chave para negociar com eles é "paciência". Por serem de um país que passou por um processo de abertura sociopolítica recente, eles se mostram muito cuidadosos, detalhistas e até um pouco ingênuos, devido à falta de experiência internacional. Mas, com o tempo, ganham confiança e se tornam grandes parceiros. Não gostam de arriscar em negócios efêmeros e costumam fazer acordos comerciais a médio e longo prazos.

Cumprimentos e apresentações

Já que o país é um amálgama das culturas dos negros, do holandês e do inglês, pode-se encontrar influências dessas três origens. O aperto de mão ainda é a forma de cumprimento mais praticada para a maioria dos visitantes.

Comportamento

As pessoas que vão à África do Sul informam que, nos aeroportos internacionais, os carregadores aproximam-se com as duas mãos em forma de concha. À primeira vista, parece que estão pedindo uma gorjeta, mas é subidamente um sinal de humildade ou de súplica, dizendo, realmente: "O presente que você me der (por eu carregar suas malas) será tão importante para mim que preciso das duas mãos para carregá-lo".

Pontualidade

Trata-se de uma cultura na qual horários são determinados e seguidos à risca. Os horários são sagrados e levados a sério.

Comunicação

A África do Sul possui, mais precisamente, onze línguas oficiais, sendo que o inglês está ganhando espaço devido à globalização. A mais corrente é o zulu, falada por 8,5 milhões de pessoas. O xhosa, o soto do norte e do sul, o ndebele, o swati, o tsonga, o tsuana e o venda são os idiomas articulados por cerca de 70% da população. Os outros 30%, os brancos, se dividem entre o inglês e o africâner, derivado do holandês e criado pelos descendentes dos primeiros colonizadores.

A democracia linguística é surpreendente. Enquanto o governo questiona a manutenção e tantas línguas oficiais, os programas de televisão não perdem tempo; podem começar com uma entrevista em zulu, uma reportagem em inglês ou anunciar um produto em xhosa. Tudo isso em questão de minutos.

Nem todos os sul-africanos conhecem tantas línguas, e a solução para se comunicar é simples: muda-se o canal de televisão para uma das línguas que se conhece, já que a maioria da população é capaz de falar pelos menos duas delas.

Quando duas pessoas se encontram pela primeira vez, a primeira coisa que se pergunta não é o nome, mas sim que língua o outro fala.

Como fazer negócios

O executivo sul-africano costuma ser bastante objetivo nas negociações. Tanto que não perde tempo dando posições parciais de uma proposta, e só responde e-mail ou telefonema quando realmente tem certeza da resposta.

Não adianta um brasileiro perder tempo oferecendo produtos que já existem na África do Sul por preço e qualidade semelhantes, porque as empresas e fornecedores africanos têm um pacto sólido de fidelidade. Um produto só tem chance de ser negociado se for novidade ou se tiver uma relação de preço e qualidade vantajosa e, ainda, tiver estoque suficiente para abastecer o comprador por um prazo médio.

Por isso, é necessário visitar o parceiro em potencial na África do Sul. Ele precisa de uma sinalização firme quanto à seriedade do negócio para criar uma relação de confiança. A reciproca é verdadeira: trazer o sul-africano para o Brasil também é importante para que haja percepção do potencial e da realidade industrial do nosso país.

De qualquer modo, os brasileiros são muito bem recebidos e deixam uma boa imagem aos sul-africanos.

O crescimento do intercâmbio comercial entre o Brasil e a África do Sul têm destacado os produtos de exportação do Brasil, sendo os produtos automotivos os mais procurados.

À mesa

Qualquer que seja a escolha entre um dos restaurantes da cidade, haverá sempre uma vasta carta de vinhos locais para acompanhar o prato, já que este é um dos pontos fortes do país. Os lugares mais típicos são os que servem carne de caça – abundante na região – e pratos africanos, à base de fubá e feijão.

Trajes

Na área de finanças e comércio, o traje utilizado é o terno e gravata para homens e roupas clássicas para as mulheres, como blazer e saia. Fora dessas áreas, os trajes são bastante esportivos.

Educação

A idade e os símbolos pátrios são muito respeitados.

Gestos e sinais feitos de maneira deliberada têm significados diferentes para os estrangeiros, por isso, cuidado!

Religião

Pode-se afirmar que a maioria dos sul-africanos tem formação religiosa e que as crenças desempenham um papel importante nos assuntos públicos. A população da África do Sul professa as religiões tradicionais. Uma minoria da população sul-africana não tem filiação religiosa.

Agenda do executivo

Moeda: rand.

Língua: inglês e o africâner são duas das línguas oficiais faladas em todo o país. Éditos oficiais e sinais rodoviários são sempre escritos nas duas formas. Cada um dos grupos de negros tem o sua própria língua. Os negros dos grandes centros falam geralmente inglês e/ou africâner. Alguns africanos (principalmente da velha geração) ainda falam as línguas dos seus antepassados, mas tal prática está em desuso em favor do inglês. Muitos funcionários de hotéis e lojas de luxo falam francês, alemão e italiano.

Funcionamento dos bancos:
das 9 horas às 15:30 (segunda a sexta-feira); 9 às 11 horas (sábado).

Horário comercial:
das 08:30 às 17:30.

Gorjetas: geralmente, 10% do valor total do serviço prestado em táxis e restaurantes. Não estão incluídas nas contas.

Cartões de visita: tenha um bom estoque de cartões de visita.

Visto: brasileiros não precisam de visto para ingressar na África do Sul. É necessário estar portando passaporte e bilhete de volta ao país de origem, ou o destino seguinte, e informar à alfândega a duração da estada no país que pode durar até três meses. Um comprovante de vacinação contra a febre amarela também é obrigatório, pois há risco de contaminação, especialmente no interior do país.

Carteira de motorista: você só pode dirigir com a Permissão Internacional para Dirigir (PID) e, por influencia britânica, os africanos adotaram a mão inglesa no trânsito.

Transporte: para executivos em viagens de negócios, a melhor opção são os táxis, que não circulam à procura de clientes. A maneira mais fácil de encontrá-los é nos pontos e nos hotéis, e a melhor dica é sempre negociar o preço antes de partir.

Locais para convenções e reuniões

A África do Sul tem à disposição dos interessados uma grande variedade de centros para conferências capacitados para qualquer tipo de reunião e com as instalações muito modernas. Alguns destes centros acomodam 2.000 pessoas de uma só vez. Para maiores informações, acesse <http://www.saaci.co.za>.

Arábia Saudita

Arábia Saudita é um dos maiores exportadores de petróleo do mundo. O aproveitamento de gás associado ao petróleo como matéria-prima tem promovido a criação das mais importantes indústrias siderúrgicas, petroquímicas e refinarias, cujos produtos são destinados à exportação.

Em uma visita oficial na Arábia Saudita, Carlo Barbieri Filho, ex-presidente da Associação Brasileira das Empresas de Trading, quis ser agradável com a anfitriã e resolveu presenteá-la com uma escultura. Mas, naquele país, uma mulher casada só pode receber presentes do seu próprio marido. Depois da "saia justa" inicial, o rei quis pagar pelo presente, deu-o à sua mulher e resolveu o caso. Segundo o empresário, porém, essa pequena gafe só teve uma solução pacífica porque havia entre eles uma relação de amizade. Ele sentiu na pele constrangimento por desconhecer as regras da etiqueta árabe.

> Embora seja importante saber, praticar e respeitar essas formas de cumprimento, muitas pessoas das sociedades

nas quais essas saudações são praticadas já viajaram para o exterior e talvez tenham adotado o aperto de mãos como "língua franca" da saudação física. Para onde quer que você for, o aperto de mãos pode ser usado como forma de cumprimento. Contudo, esteja preparado também para demonstrar seu conhecimento e respeito pelos costumes locais. Essa demonstração de respeito será apreciada.

Na minha primeira viagem ao Oriente Médio, meu contato árabe e eu andávamos pela cidade visitando clientes. Ele usava sua comprida túnica, o ar estava quente e poeirento, um sacerdote cantava, chamando para as orações em um minarete próximo, e não podia me sentir mais longe do meu lar norte-americano. Naquele momento, meu colega de trabalho aproximou-se, deu-me a mão e continuamos andando, de mãos dadas.

Não demorei muito para perceber que alguma coisa fora do comum estava acontecendo, que alguma forma de comunicação estava sendo transmitida... mas não tinha a mínima ideia da mensagem. E ainda me senti mais longe de casa.

Talvez por estar tão apavorado, a única coisa que não fiz foi tirar minha mão. Mais tarde, fiquei sabendo que, se tivesse puxado a mão, poderia ter cometido uma gafe do tamanho do Saara.

No seu país, o ato de pegar minha mão era sinal de grande amizade e respeito.

Roger E. Axtell, em *Gestos*
Editora Campus

A maior parte de nós vive de estereótipos sobre os outros países. Pouco importa que numerosas dessas imagens tenham entretanto sido ultrapassadas. Esqueça os preconceitos.

Cumprimentos e apresentações

Os homens árabes são "amantes do toque". Os apertos de mãos podem ser prolongados, os cotovelos podem se tocar e dois homens podem até andar de mãos dadas na rua. Os homens não devem tocar uma mulher árabe a menos que ela estenda a mão primeiro.

Quando conduzido a uma reunião de negócios, o visitante é apresentado ao dono ou presidente da empresa e senta-se ao lado dele; é um privilégio concedido aos recém-chegados. Talvez você tenha de ceder o lugar, mais tarde, quando outra pessoa entrar.

Comportamento

É recomendável não usar a mão esquerda quando estiver com seus anfitriões (a mão esquerda é considerada suja, porque é usada na higiene pessoal).

Evite mostrar a sola do sapato para outra pessoa; pode ser considerado um insulto, já que a sola é a parte do corpo mais baixa e provavelmente a mais suja.

Para um árabe, um presente que pode gerar simpatia é uma bússola, com a qual ele poderá se colocar na direção correta de Meca para rezar.

Pontualidade

Seja pontual e marque as reuniões com antecedência.

Comunicação

Os árabes, em geral, são calorosos, sociáveis e sensíveis por natureza. Amigos se abraçam e se beijam no rosto, costume que só é entendido pelos amigos ocidentais depois de muito tempo.

Deve-se olhar nos olhos e a proximidade física é bastante aceitável entre os homens.

A mulher na sociedade

Mesmo que seja presidente de uma empresa, uma mulher que tenha bom senso deve mandar um homem representá-la se precisar fazer negócios na Arábia Saudita e em outros países islâmicos.

Nos países de religião muçulmana, a mulher cobre-se dos pés à cabeça e só anda nas ruas acompanhada do pai, marido ou outro parente do sexo masculino. A estrangeira prudente, portanto, deve tomar cuidado com as roupas e com o comportamento. Ou seja: as esposas funcionárias dos executivos devem ser orientadas caso resolvam acompanhá-los na viagem.

Como fazer negócios

Os encontros de negócios costumam ser informais e de grande cordialidade.

Em toda a negociação, o tempo é uma arma. Portanto, apressar-se é colocar-se em desvantagem. Você não deve querer fechar negócio logo na primeira reunião. A integridade é a qualidade principal. No mundo árabe, espera-se sempre que o negociador tenha palavra.

Ao contrário do europeu, o árabe é caloroso no trato. Quer negociar e também fazer amizade. Para ele, o fator humano é meio caminho para a concretização de qualquer negócio. E essa amizade é que determinará a continuidade das relações comerciais.

Mas cuidado: para o árabe, um subordinado não deve substituir o superior em um negócio. Ele não deixa de receber e de falar com o subordinado, mas só assinará um contrato com os executivos. Até que isso ocorra, não se sente obrigado a nada.

Antes de discutir qualquer negócio, é costume uma troca de amenidades acompanhada de café ou chá.

Seu anfitrião saudita pode interromper uma reunião ou conversa, sair da sala e se ausentar entre quinze ou vinte minutos. Isso normalmente significa que ele foi rezar.

Vários grupos de empresários de diferentes companhias podem negociar dentro de uma mesma sala e o anfitrião saudita passará de um grupo para outro a fim de conversar.

À mesa

Como em muitos países de influência árabe, a mão esquerda tem uso limitado: seu papel é fazer a higiene do corpo.

À mesa é considerado falta de educação comer tudo que está no prato. Deixar um pouco de comida é símbolo de abundância e um elogio ao anfitrião.

É costume recusar mais comida pelo menos duas vezes e depois aceitar na terceira, se você realmente quiser comer mais.

A mão direita é usada para cumprimentar, comer, entregar cartões de visita ou presentes e para gesticular. Usar a mão esquerda para receber um presente é considerado deselegante.

O executivo não encontrará muitos lugares para sair à noite. Recomenda-se ficar no hotel em que estiver hospedado. Os bares sauditas não servem bebidas alcoólicas.

Trajes

A aparência é de suma importância no mundo árabe. Espera-se que um ocidental faça negócios de terno e gravata.

As mulheres devem usar saias abaixo do joelho e as mangas das blusas devem cobrir os cotovelos. Não devem usar calças compridas.

Educação

O reino da Arábia Saudita vive atualmente um ressurgimento global na educação que se caracteriza essencialmente pela existência das novas universidades no país, sendo a mais recente a abertura da Universidade de Ciência e Tecnologia – a primeira da Arábia Saudita.

Religião

Na religião islâmica, os devotos rezam cinco vezes ao dia, com o rosto voltado para Meca, cidade sagrada da religião islâmica.

Agenda do executivo

Moeda: rial saudita.

Língua: árabe.

Funcionamento dos bancos: das 9:30 às 16:30 e das 17 às 22 horas.

Horário comercial: das 9:30 às 12 horas e das 16 às 22 horas. O fim de semana corresponde às quintas e sextas-feiras do Ocidente.

Gorjetas: em torno de 10%.

Cartões de visita: devem ser trocados no começo da reunião e devem ser impressos em duas línguas: inglês e árabe.

Visto: concede-se geralmente após análise pessoal de cada caso.

Carteira de motorista: é necessário uma habilitação internacional para dirigir.

Locais para convenções e reuniões

Intercontinental Abha Hotel
<http://www.intercontinental.com>

Abha Palace Hotel
<http://www.abhapalace.com.sa>

Irã

A vasta e diversificada história cultural iraniana influenciou a arte e a cultura em todo o mundo.

A nação iraniana é uma das mais antigas civilizações do mundo. O país é visitado por turistas em busca das suas antigas histórias e arquiteturas que foram preservadas ao longo do tempo.

O Irã é o único país do Oriente Médio que utiliza o calendário solar. O ano iraniano começa em 21 de março, primeiro dia da Primavera, com a festa do Nowruz, a mais importante de todo o ano.

Anos atrás, uma empresa europeia, após longas e estressantes negociações, obteve finalmente a permissão para a construção de um prédio no Irã.

A empresa cumpriu o programa previsto. Mas o andamento das vendas, porém, foi incompreensível.

Os apartamentos situados no lado direito do prédio foram vendidos em poucas semanas, e os situados no lado esquerdo ficaram sem compradores. Nem com a redução dos preços ao valor de custo os apartamentos puderam ser vendidos.

O que havia acontecido? A empresa europeia fora responsável por uma gafe gigantesca: os apartamentos situados no lado esquerdo do edifício tinham os serviços sanitários direcionados para Meca (cidade sagrada). Para os devotos cidadãos locais era inaceitável morar em apartamentos tão mal situados.

Cumprimentos e apresentações

O aperto de mãos é o cumprimento mais comum. Contudo, como na maioria dos países árabes, o aperto pode ser mais leve. Os amigos mais próximos podem se cumprimentar com um breve abraço e a menção de beijar o rosto.

Comportamento

Os iranianos são extremamente humildes, mas gostam de um tratamento especial ao serem recebidos.

O povo iraniano possui variações étnicas, oferecendo um amplo quadro de costumes e usos diferenciados. A maioria da população iraniana é de origem persa, ou mais precisamente, de origem ariana.

Os hábitos e costumes estão imbuídos de uma profunda fé religiosa, marcando estilo e comportamento próprios.

Da mesma forma, atenção para onde aponta a sola do sapato, considerado um gesto ofensivo a qualquer pessoa que o esteja observando. Usar a mão esquerda para receber um presente é considerado falta de educação.

Na cultura islâmica, as pessoas de sexos opostos não se tocam nem para se cumprimentar, a não ser que sejam parentes ou tenham um relacionamento bem próximo.

Pontualidade

Marque os contatos com antecedência e seja pontual.

Comunicação

Pessoas do mesmo sexo normalmente ficam mais próximas quando se encontram e conversam.

A mulher na sociedade

Na sociedade iraniana de hoje, as mulheres têm demonstrado que possuem capacidade e potencial, podendo contribuir bastante para a riqueza nacional e o desenvolvimento econômico.

Etiqueta da mulher muçulmana

- A *sharia* (a doutrina dos direitos e deveres religiosos do Islã) estabelece a proibição de encontros entre um homem e uma mulher que não tenham uma relação lícita entre si. E também proíbe ao homem tocar qualquer parte do corpo de uma mulher com a qual não tenha uma relação oficial.
- Nenhum homem pode visitar uma mulher na ausência de seu marido, a não ser em companhia de um ou dois outros homens.

Como fazer negócios

Quando receber um iraniano em sua empresa, preste atenção em alguns detalhes:

- jamais pergunte ao iraniano se ele é árabe, isso é uma ofensa;
- caso algum iraniano peça para trocar a moeda, faça essa troca de imediato, pois eles são muito desconfiados;
- esteja seguro de que eles acreditam em você;
- é muito importante estabelecer uma relação de total confiança, informando tudo o que puder sobre sua empresa; confirmando que ela realmente existe;

- nunca chame um iraniano de ministro, eles gostam de ser tratados por chefes de delegação;
- se estiver em reunião com a comitiva, deixe reservada uma sala para poderem rezar. Em geral, os iranianos rezam duas vezes ao dia;
- é comum a companhia de um intérprete.

À mesa

Se você convidar um iraniano para um almoço ou jantar, é recomendável mostrar costumes gastronômicos do seu país. Por exemplo, você pode oferecer um cardápio variado de comidas típicas brasileiras, massas e saladas, assim ele decidirá o que vai apreciar de nossas iguarias.

Se não for uma comitiva protocolar, é muito provável que eles aceitem experimentar nosso famoso churrasco.

Ao visitar o Irã não deixe de experimentar o prato nacional que é o *chelo kabab*, à base de arroz com carne.

Educação

Atualmente, se vê mais mulheres matriculadas nas universidades do que os homens. E, profissionalmente, podemos encontrar muitas cientistas, engenheiras e médicas.

Agenda do executivo

Moeda: real iraniano.

Língua: *farsi*, o idioma persa. O alfabeto possui 32 caracteres, sendo alguns provenientes do árabe.

Funcionamento dos bancos: das 8 às 14 horas.

Horário comercial: de segunda à quinta das 9 às 17 horas.

Gorjetas: as gorjetas variam de acordo com a generosidade do cliente e o luxo do estabelecimento. Geralmente, são em torno de 10%.

Visto: é necessário o visto para entrar no país.

Cartões de visitas: os cartões de visita são trocados com todo o respeito.

Carteira de motorista: você pode dirigir no Irã se tiver uma carteira de motorista internacional atualizada.

Locais para convenções e reuniões

Parsian Tehran Azadi Grand Hotel
<http://www.hotel-tehran.com>

Pars Internacional Hotel
<http://www.pars-international-hotel.com>

Israel

Israel está localizado no Oriente Médio, ao longo da costa oriental do mar Mediterrâneo, limitando-se com o Líbano, a Síria, a Jordânia e o Egito. Ao longo de décadas do conflito árabe-israelense, a política externa de Israel visa a alcançar a paz, garantir a segurança dos seus cidadãos no país e promover a cooperação com todas as nações.

Um aspecto importante do relacionamento de Israel com os países em desenvolvimento da África, Ásia e América Latina é a vontade de compartilhar sua experiência e perícia em campos como agricultura, planejamento regional, saúde pública e desenvolvimento comunitário.

Suas principais cidades para negócios: Jerusalém, Tel Aviv, Haifa e Beer Sheva.

Cumprimentos e apresentações

Apertos de mão calorosos são o costume, e amigos próximos acompanham o aperto de mãos com tapinhas amistosos nos ombros ou costas. Os israelenses normalmente não se abraçam quando se encontram, a menos que sejam muito íntimos.

Comportamento

Alguns israelenses são muito expressivos com as mãos e os corpos e outros são mais reservados e sérios.

Pontualidade

Seja pontual.

Comunicação

Algumas pessoas ficam bem mais próximas do seu interlocutor após a primeira conversa. Também é comum vê-las tocar o braço do outro enquanto falam. Amigos normalmente se tocam.

A mulher na sociedade

As mulheres israelenses tentam diminuir o desnível entre a igualdade de oportunidades que lhes é garantida por lei e as convenções sociais dentro de uma sociedade que impede a expressão total dessa igualdade. Ainda existem tendências contra a igualdade e, de certo modo, muitos insistem na perpetuação das diferenças nas funções do homem e da mulher na sociedade.

Atualmente, as mulheres em Israel definem a igualdade em termos de oportunidades: elas participam virtualmente em todas as esferas de trabalho no país e correspondem a aproximadamente metade do número de todos os profissionais. Servem no exército, são ativas na política, nos negócios e nos meios de comunicação, além de influenciarem a vida cultural do país. Ainda assim, uma grande porcentagem das trabalhadoras tende a ocupar as profissões conhecidas como femininas, tais como as de professoras, assistentes sociais, enfermeiras e secretárias.

Como fazer negócios

Estude as religiões do país antes de negociar.

À mesa

A etiqueta ocidental é a prática em Israel.

Os judeus não misturam carne com leite e não comem carne de porco, algumas partes da carne de vaca e algumas espécies de peixe.

Shabbat

O *Shabbat*, dia de descanso em Israel, começa no pôr do sol de sexta-feira e termina ao anoitecer de sábado. Todas as lojas, oficinas e instituições fecham. Nesse período, não funcionam a maior parte do transporte público, alguns restaurantes, cinemas e *pubs*. O calendário hebreu está baseado no ano lunar, e por isso pode sofrer modificações no transcurso de cada ano.

Trajes

Vista-se de forma conservadora.

Vida noturna

Existem deliciosas noites de folclore que mantêm o espírito antigo e moderno de Israel com algumas canções e bailes.

Educação

A educação é um valor fundamental da sociedade israelense.

Quase todas as crianças de três a quatro anos frequentam algum tipo de estabelecimento pré-escolar. A porcentagem da população israelense que se dedica à pesquisa científica ou tecnológica, assim como a quantia gasta em pesquisa e desenvolvimento, são as mais altas do mundo.

Religião

A afiliação e a prática religiosas constituem opção individual, sendo que a liberdade ao culto é garantida pela Declaração da Independência do Estado de Israel.

Os judeus constituem atualmente 75,5% da população do país, 20,2% de muçulmanos, 4,3% não classificados por religião.

As cortes de cada comunidade religiosa têm plena jurisdição em assuntos de caráter pessoal de seus membros. Cada um dos inúmeros lugares santos do país é administrado por sua própria autoridade religiosa, e é protegido contra profanação ou invasão; o livre acesso a eles é garantido por lei.

O dia oficial de descanso de Israel é o sábado, o *shabbat*. Os muçulmanos observam o descanso na sexta-feira, e os cristãos, no domingo.

Cerca de 10% da população vive em áreas rurais, tendo constituído seu lar no *kibutz* ou no *moshav*, núcleos agrícolas que se desenvolveram no princípio do século XX, ou em uma das muitas aldeias do país. O *kibutz* (comunidade rural coletiva) é a espinha dorsal da produção agrícola de Israel.

Agenda do executivo

Moeda: novo shekel.

Língua: o hebraico é a língua oficial de Israel, junto com o árabe.

Funcionamento dos bancos: das 8:30 às 18 horas de domingo à quinta-feira. Das 8:30 às 12:30 na sexta-feira.

Horário comercial: das 08:30 às 18 horas de domingo à quinta-feira; das 08:30 às 12:30 na sexta-feira.

Gorjetas: em torno de 10 e 15%.

Cartões de visitas: tenha um bom estoque de cartões de visita.

Visto: brasileiros que irão permanecer até noventa dias não precisam de visto.

Carteira de motorista: aceita-se a CNH brasileira.

Locais para convenções e reuniões

Dan Tel Aviv Hotel
<http://www.danhotels.com/TelAvivHotels>

ICC Jerusalém
<http://www.iccjer.co.il/en/>

Pequin
CHINA
NEPAL
Nova Délhi
ÍNDIA
BANGLADESH
MYANMA
LAOS
TAILÂNDIA
Bangcoc
CAMBOJA
VIETNÃ
SRI LANKA
MALÁSIA
Cingapura

OCEANIA E ÁSIA

Austrália

China

Cingapura

Coreia do Sul

Índia

Japão

Tailândia

ASPECTOS CULTURAIS DA ÁSIA

FLEXIBILIDADE

INOVAÇÃO

ADAPTAÇÃO

PRESTEZA

FOCO NAS RELAÇÕES HUMANAS

CAPITALIZAÇÃO DE APTIDÕES PESSOAIS

INTUIÇÃO

HORIZONTES DE LONGO PRAZO

APROVEITAMENTO DAS OPORTUNIDADES

ESTIMULO À COOPERAÇÃO E AO
TRABALHO INTERLIGADO

PROMOÇÃO DO COMPROMISSO E DA LEALDADE

Austrália

Austrália é uma nação jovem, com uma população culturalmente diversa que acolhe pessoas de várias nacionalidades e origens diferentes. Seus habitantes, originários de diversas partes do mundo, são orgulhosos de sua pátria.

A economia australiana é bastante diversificada. A mineração e a indústria correspondem a 30% do produto interno bruto. Há um forte setor agrícola que dá destaque à criação de ovinos, tornando a Austrália a maior produtora de lã do mundo. Trata-se uma democracia próspera onde o custo de vida é relativamente baixo e o inglês é a língua oficial.

Neste país, associações limitadas são os tipos de organizações mais usadas pelos investidores estrangeiros. Seus principais parceiros comerciais encontram-se na Ásia – Japão e Coreia do Sul –, e também nos Estados Unidos.

Recentemente, um número cada vez maior de brasileiros vem desfrutando das oportunidades de estudo na Austrália e tem achado a experiência verdadeiramente gratificante, tanto do ponto de vista profissional como pessoal.

Cumprimentos e apresentações

Um aperto de mãos firme e amistoso é o cumprimento usual. Contudo, não é necessário apertar a mão de uma mulher a menos que ela a ofereça primeiro. Amigas podem se beijar ao se encontrarem. Quando se cumprimenta alguém a certa distância, costuma-se acenar, mas não gritar.

Comportamento

Os australianos são considerados calorosos, amistosos e informais, mas não apreciam comportamentos muito expansivos ou exagerados. Como os britânicos, são muito educados: nunca fure filas; vá educadamente para o fim e espere sua vez.

Pontualidade

Seja pontual.

Comunicação

Os australianos não consideram de bom-tom demonstrar suas emoções, exceto para os amigos mais próximos.

Como fazer negócios

Em reuniões de negócios, é importante olhar nos olhos.

Como os americanos, os australianos vão direto ao assunto.

À mesa

A Austrália oferece uma grande variedade de pratos para todos os gostos. Pode-se jantar em elegantes restaurantes ou mesmo comer de forma mais simples em um *pub*.

O convidado de honra normalmente se senta à direita do anfitrião. Os talheres são usados de acordo com o "estilo continental" – ou seja, com o garfo constantemente na mão esquerda e a faca na direita.

Trajes

Para ocasiões especiais, como reuniões de negócios ou um jantar em um restaurante mais elegante, os homens usam terno e gravata e as mulheres, roupa mais formal.

Tenha sempre um agasalho em mãos, porque as noites podem ser frias.

Vida noturna

À noite, aproveite a atmosfera dos australianos. Não deixe de experimentar os excelentes vinhos do país, extraídos dos melhores vinhedos da região.

Educação

Os estudantes sabem que é muito importante para o seu futuro ter experiência internacional. Entender e conhecer outras culturas tornou-se um requisito essencial ao sucesso na globalização dos negócios e da sociedade.

A Austrália oferece aos estudantes internacionais uma experiência inédita no âmbito cultural e educacional, com a alta qualidade do ensino reconhecida internacionalmente.

É uma sociedade jovem, dinâmica e multicultural que vive em um magnífico cenário.

Agenda do executivo

Moeda: dólar australiano.

Língua: inglês.

Funcionamento dos bancos: das 9:30 às 16:30 (de segunda à quinta-feira); 9:30 às 17 horas (sexta-feira).

Horário comercial: das 9 às 17 horas.

Gorjetas: não se costuma dar gorjetas na Austrália e os hotéis e restaurantes não acrescentam a taxa de serviço nas contas.

Nos restaurantes de categoria superior, costuma-se deixar aos garçons uma gorjeta equivalente a 10% do valor da conta. É você quem decide se deseja dar a gorjeta.

Cartões de visita: esteja preparado para trocar cartões de visita, não sendo tão rígido como, por exemplo, no Japão ou em alguns países europeus.

Visto: é necessário para entrar no país.

Carteira de motorista: você pode dirigir na Austrália, com uma licença válida em seu próprio país, desde que esteja traduzida em inglês juramentado; do contrário, deverá ter uma licença internacional. No caso de permanência mais longa, deve-se solicitar informações para autoridades competentes.

Lembre-se: na Austrália dirige-se na mão inglesa.

Locais para convenções e reuniões

Sydney Convention and Exhibition Centre
<http://www.scec.com.au>

Melbourne Marriot Hotel
<http://www.marriott.com>

China

A maior potência comercial do mundo

China é um gigantesco mercado com 1,3 bilhões de consumidores, cada vez com mais renda disponível para o consumo em função das riquezas criadas pelo seu desenvolvimento acelerado. O país apresenta múltiplas oportunidades comerciais, de parcerias e de investimentos para o Brasil.

Este imenso canteiro de obras parece mesmo estar disposto a surpreender, mostrando que sua metamorfose ainda não se deu por completo.

Na contramão da barreira cultural, os chineses estão interessados na objetividade e na praticidade diante das negociações, procuram as mesmas vantagens e almejam objetivos similares aos de qualquer empresário ocidental. Ou seja, estão interessados em negociar com quem oferecer as melhores condições e os melhores preços, independente do país.

Fui a um almoço na China em que nos ofereceram carne de sapo. Um executivo que estava conosco ficou nervoso e teve um acesso de riso. Os anfitriões ficaram ofendidíssimos, o almoço foi encerrado e o negócio morreu.

O empresário lembra-se da ocasião em que foram oferecidos camarões vivos e um dos executivos presentes recusou a iguaria. Resultado: os chineses não lhe dirigiram mais a palavra durante o jantar, e perdeu-se a oportunidade de fazer bons negócios.

Carlos Barbieri Filho,
Presidente da Associação Brasileira
de Empresas de Trading

O que para a cultura ocidental pode parecer uma simples recusa, em outros lugares do mundo é uma ofensa. É importante para o brasileiro se aproximar da cultura chinesa, para não se assustar quando o comensal chinês tropeçar no manejo de nossos talheres ou pronunciar certos sons enquanto come.

> Preste atenção! É bom registrar que os chineses dão grande importância aos números. Em Hong Kong, é normal alguns motoristas pagarem fortunas para trocar as placas de seus carros. O número 8, por exemplo, sugere prosperidade. Já o número 4 soa como morte e deve ser evitado.

Transporte

Tive um problema em Hong Kong que hoje acho até engraçado. Estava com um grupo de executivos e, no final da tarde do dia do embarque, cada um resolveu fazer um programa diferente. Fui fazer compras e peguei um táxi para voltar ao hotel. Em inglês, informei o nome do hotel ao motorista e pedi que me levasse até lá. Para minha surpresa ele ficou olhando para a minha cara e não entendeu nada. Achei que minha pronúncia estava ruim e escrevi o nome do hotel em um cartão, mais nada. Através da mímica compreendi que ele não entendia nada além do chinês.

Lá estava eu, perdida no trânsito de Hong Kong, sem poder me comunicar com um motorista chinês. Após alguns minutos sem saber o que fazer, vi que o carro tinha um rádio para comunicação com a central de táxi. Novamente através da mímica, mostrei que queria falar pelo rádio. Peguei o rádio e comecei a dizer help, *até que alguém que compreendia o inglês falou comigo. Pedi para que explicasse ao chinês que eu queria chegar ao hotel. Aí sim, ele me levou.*

Sandra Castrucci Di Moise,
Vice-presidente da Credicard S.A.
em *Business Travel*

Em Hong Kong, a maioria dos taxistas não fala inglês. Mesmo que você utilize a limusine do hotel, peça ao recepcionista que escreva seu destino em caracteres chineses. Ao embarcar, mostre o bilhete em chinês ao motorista. E não se esqueça de levar o endereço do seu hotel, também em chinês.

A comunicação com os chineses tem sido cada vez mais fácil, especialmente com brasileiros aprendendo o mandarim e chineses dominando o português.

Cumprimentos e obrigações

Na China, em um contato de negócios, a apresentação deve ser feita através de um intermediário de confiança, respeitado por ambas as partes, familiares, clientes, fornecedores, entidades oficiais etc. Se for apresentado pela pessoa correta, as negociações começarão da melhor forma e todas as atenções dirigidas a essa pessoa também serão transferidas ao estrangeiro apresentado. Na China, não lhe perguntam quem você é, mas quem você conhece ou a que grupo pertence. Qualquer precipitação na tentativa de fazer negócios sem os conhecimentos devidos é um convite ao insucesso.

O aperto de mãos é, como no Ocidente, a forma mais comum de cumprimentar um chinês. Contudo, estes tendem a apertar as mãos de uma forma mais leve do que no Ocidente e durante um período de tempo mais prolongado, balançando bastante o braço.

Não se aborreça se os chineses não sorrirem quando forem apresentados a você. Eles não expressam os sentimentos abertamente.

Existem na China apenas 438 sobrenomes. Os três mais comuns são Wang, Zhang e Li ou Lee. É frequente, portanto, encontrar numa reunião pessoas com o mesmo sobrenome, mas sem qualquer relação familiar entre si.

Por ser uma sociedade muito hierarquizada, é atribuída enorme importância ao *status* que cada um possui na organização. Assim, pode-se, desde cedo, avaliar o interesse que a sua vinda representa pela posição ocupada pelas pessoas designadas a recebê-lo. Do mesmo modo, se a delegação visitante for composta por membros de segundo ou terceiro escalão, isso será interpretado como um sinal de pouco empenho de sua parte nas negociações.

Se seu destino for somente Hong Kong, assegure-se de que os caracteres chineses utilizados são os modernos, a versão simplificada da usada no resto da China. Lembre-se também de que o sobrenome ou o nome da família sempre antecede o nome da pessoa. O *chairman* Mao Tsé-tung, por exemplo, chama-se, portanto, para nós Tsé-tung (nome) e Mao (sobrenome).

Comportamento

Em termos gerais, os chineses não são muito amigos do toque. Isso vale, sobretudo, para os visitantes. Portanto, evite o toque ou qualquer forma de contato físico prolongado.

Evite ser efusivo, principalmente com pessoas mais velhas e idosas. As demonstrações públicas de afeto são muito raras.

Por outro lado, você pode ver pessoas do mesmo sexo andando de mãos dadas, o que é apenas um gesto de amizade.

Presentes

Os chineses, como todos os povos asiáticos, atribuem enorme importância à troca de presentes. Contudo, o desconhecimento dos costumes locais poderá levar a situações embaraçosas, por isso é preciso algum cuidado. Não se esqueça de utilizar as duas mãos para dar e receber presentes, a mesma regra aplica-se para dar ou receber drinques.

Algumas regras básicas devem ser atendidas: nem todos os presentes são uma boa escolha. Não devem ser oferecidos, por exemplo, relógios de mesa ou de parede, nem mesmo se esses produtos forem fabricados por sua empresa. Oferecer um relógio tem significado de morte. Também não devem ser oferecidos aos homens chapéus, bonés ou qualquer objeto para usar na cabeça que sejam de cor verde, pois têm significado de "homem traído". A embalagem não é muito importante. Há, contudo, algumas cores como o branco (sinal de luto) que não devem ser utilizadas. A melhor embalagem é a vermelha ou dourada, ou uma combinação de ambas. Os presentes não são abertos na presença de quem os oferece. Para os chineses, abrir a prenda seria concentrar demasiada atenção no objeto e não naquilo que é verdadeiramente importante, ou seja, a intenção. Contudo, se você for instado a abrir um presente, deve fazê-lo. Antes de aceitar um presente, os chineses fazem pelo menos um gesto de recusa; em regra, três. Esta, porém, é uma norma de etiqueta e a oferta só deverá ser retirada se você, de fato, sentir uma relutância genuína na sua aceitação.

Pontualidade

Seja pontual.

Certa vez, durante um seminário no qual os palestrantes eram chineses, perguntei a um deles – ao qual tinha redigido uma carta tempos antes – por que não havia respondido à minha correspondência. E ele perguntou-me: "Há quanto tempo você me escreveu?". E eu logo respondi: "Há quatro meses!". "O que você acha que são quatro meses, para um país que tem uma historia de 5 mil anos!", respondeu-me o meu interlocutor – calei-me definitivamente!

Humor

O bom humor poderá tornar um ambiente tenso mais leve, condição essencial para qualquer negociação. Convém, porém, ser moderado. O excesso durante uma reunião pode levar frequentemente a interpretações errôneas.

Comunicação

O espaço pessoal é muito menor na China. Isso significa que, ao conversar, os chineses ficam muito mais próximos do que os ocidentais. Isso, muitas vezes, faz com que os ocidentais afastem-se, mas os chineses vão atrás, resultando sem querer em um *pas-de-deux*.

Como fazer negócios

É fundamental para os executivos que pretendam ser bem-sucedidos em seus negócios na China que tenham conhecimento básico do estilo de negociação chinês e dos aspectos culturais da população.

O executivo chinês é similar a qualquer executivo do mundo, busca a obtenção de vantagens, de lucros e a expansão dos negócios. Há diversos exemplos conhecidos de como, de reunião em reunião, um ocidental vai passando da euforia à depressão, do contrato ao destrato, da autorização à desautorização.

A etiqueta chinesa privilegia a preservação da harmonia e evita todas as atitudes que possam levar a um confronto aberto. Para os chineses, a necessidade de manter uma certa ordem social é uma condição prévia para a resolução de qualquer conflito. Entre as táticas utilizadas para a prevenção ou resolução de conflitos, estão a utilização estratégica do tempo, os acordos para a preservação da honra e uma maior flexibilidade.

Respeito e sinceridade são os sentimentos que, sob todas as formas, deve-se procurar ao longo dos encontros. Eles possuem algumas características próprias, tipicamente culturais, por exemplo através do que eles chamam de *guanxi*, ou seja, o relacionamento baseado no conceito da ligação pessoal de confiança, que é um fator bastante considerado nas negociações.

Deve-se evitar qualquer manifestação que possa ser interpretada como arrogante ou de intimidade excessiva. Mostre-se bem-humorado, mas sem exagero. O uso de anedotas, jogos de palavras e trocadilhos deve ser descartado. Tudo isso, além de não ser entendido por outras culturas, pode causar situações embaraçosas. Lembre-se de que os idiomas ocidentais são lineares, mas a língua chinesa é contextual. Se na nossa língua não entendemos uma palavra, podemos ainda assim entender o sentido. Mas, no contexto chinês, se uma palavra (em inglês) não é entendida, a frase toda também não será. Por isso, se perceber que algo não é compreendido, não hesite em repetir novamente toda a expressão. Não receie também em pedir desculpas ao menor incidente. Na Ásia, um pedido de desculpas não é interpretado como uma admissão de culpa: é antes considerado uma virtude ser o primeiro a fazê-lo a fim de amenizar qualquer situação constrangedora. Sugere-se também pedir sempre permissão antes de tirar fotografias de pessoas.

A partir de sua chegada à China, os seus negociantes chineses (em parte, por regras de etiqueta, em parte por estratégia de negócios) irão controlar todo o seu tempo e também o protocolo. Deixe-se conduzir, mas vá preparado para ficar mais do que o previsto. Os chineses são generosos na utilização do tempo. Para os ocidentais, tempo é dinheiro, mas para os chineses, "tempo é tempo" e "dinheiro é dinheiro". Paciência e capacidade de resistência são duas características essenciais para se negociar na China.

É provável que não se consiga nada de concreto na primeira reunião ou nas seguintes. Também é provável que, devido à tradição e ao sistema existente na China, grupos diferentes de negociadores apareçam em cada reunião. Também pode acontecer de durante, ou entre reuniões, ocorrer prolongados períodos de silêncio ou inatividade. Quanto mais informado estiver sobre todos os aspectos da cultura e do mercado chinês, maiores serão as possibilidades de as coisas andarem um pouco mais depressa.

Conheça muito bem os seus produtos e a empresa que representa: os chineses vão explorar as mínimas contradições. Não espere acordos rápidos, mas sim perguntas infindáveis, pedidos de mais informações e uma diversidade de exigências. Prepare-se para ceder um pouco, mas exija sempre alguma coisa em troca. Mostre sinceridade e boa vontade, mas também firmeza e consistência.

Quando um chinês diz que algo é "inconveniente", na realidade ele está dizendo que "nada irá acontecer" ou que essa situação é impossível. Você também pode usar a expressão "inconveniente" quando não quiser concordar com os chineses. Mesmo que tenha poder de decisão imediato, é aconselhável que remeta sempre a decisão final para "alguém" na sede. Os chineses nunca tomam decisões no momento e você pode ser colocado numa posição desconfortável.

Mostre paciência. Na China, acredita-se que a paciência é sinônimo de caráter forte e de valor, em qualquer negócio. Os chineses têm a ideia de que os ocidentais estão sempre com pressa e muitos acordos são feitos no momento da partida.

Na cultura chinesa, o chefe deve entrar primeiro em uma sala de reunião, seguido em ordem decrescente de importância hierárquica pelos demais representantes da empresa. Esteja seguro de deixar bem claro para os chineses quem é o efetivo líder do grupo. Da mesma forma, ao sentar-se à mesa, deixe sempre o principal executivo no centro e a seu lado os demais executivos, assistentes ou assessores. Quanto mais longe do chefe, menor a importância da pessoa.

Ao contrário de outros povos asiáticos, os chineses não têm qualquer problema em negociar com mulheres, assim, a chefe de uma delegação estrangeira não é colocada em posição de desvantagem na relação de negócios. Existem muitas mulheres em posição de chefia na China e é natural que algumas participem das negociações. Não é, porém, habitual que os chineses se façam acompanhar de suas esposas em qualquer situação social, como por exemplo, em banquetes. Contudo, as esposas dos convidados estrangeiros serão bem recebidas nessas ocasiões.

Na China, o contrato é, mais do que qualquer outra coisa, um símbolo da harmonia nas relações entre as partes. É o início da relação: agora são amigos e podem começar a pedir favores um ao outro. Nada do que está escrito no contrato é imutável. "Mas está escrito", diz o ocidental. "Pois está, mas agora queremos mudar", diz o lado chinês, que acredita que qualquer relação é uma negociação contínua e que os contratos podem ser modificados para se ajustarem às circunstâncias.

Por fim, lembre-se de outros aspectos importantes. Quando seu interlocutor chinês acena rapidamente com a cabeça, não quer dizer que está de acordo, mas que está ouvindo com atenção. Enquanto nós encaramos o negócio como uma questão de intuição e lemos *O gerente minuto*, na China até mesmo as crianças estão familiarizadas com *Os 36 estratagemas* ou *A arte da guerra*, formulados por Sun Tzu, famoso estrategista militar que viveu no século IV a.C. e cujos ensinamentos são aplicados no dia a dia. Esteja, portanto, preparado para a cultura e os hábitos chineses. E, principalmente, tenha paciência, muita paciência.

O poder da barganha na China

Nas negociações, não deixe de barganhar, isso faz parte da cultura chinesa.

Em minha viajem à Pequim, eu tive que negociar, quer dizer, barganhar tudo. Portanto cada item deve ser barganhado, caso não faça isso, irá pagar muito caro.

Mas esteja preparado, os chineses são muito bons na arte da barganha, parecendo muitas vezes irredutíveis. Mas, com um pouco de paciência e perseverança, você conseguirá uma boa negociação.

Brasil e China

Segundo tem advertido o novo embaixador em Brasília, Chen Duqing, um notável brasilianista chinês, o que falta ao empresariado brasileiro sobre o mercado chinês seria maior empenho, maior agressividade, aprofundamento na pesquisa de mercado, maior conhecimento do país e intimidade com a cultura chinesa e certo domínio da etiqueta chinesa para as conversações, especialmente para a busca do *guanxi*, termo chinês já internacionalizado e que significa simplesmente o nosso tradicional "pistolão": o homem-chave que decide os negócios ou o caminho para chegar a eles.

Jayme Martins
Jornalista em Pequim

À mesa

Quando em viagem de negócios na China, você será inevitavelmente convidado para um ou mais banquetes. Os chineses são anfitriões excelentes e generosos, por isso é fácil para um ocidental interpretar a exclusividade do convite como um sinal de que o negócio está bem encaminhado. Mas não é necessariamente assim. Os banquetes são uma forma muito comum de se cumprir obrigações sociais e não exprimem qualquer intenção da parte chinesa quanto ao futuro do negócio.

Como é de tradição, o banquete chinês tem entre nove e treze pratos, sendo aconselhável preparar-se para o que vem a seguir, já que é considerado indelicado desperdiçar comida. Deve-se provar de tudo um pouco.

Antes de viajar à China é aconselhável aprender a comer com pauzinhos (*hashi*), que, além de uma colher de porcelana, são os instrumentos fornecidos nas refeições. Mesmo que não tenha ainda uma agilidade razoável, o seu parceiro chinês apreciará o seu esforço.

Não existe uma etiqueta muito rigorosa à mesa. Comer ruidosamente, sobretudo a sopa, é um sinal de que a comida está boa. O chinês tem uma capacidade razoável de resistência ao álcool. Muitas refeições são acompanhadas por *brandy* e os brindes são frequentes. Esteja preparado para fazer um discurso, que deverá seguir-se ao do seu anfitrião. Espera-se sempre que você fale da amizade existente entre os dois países, que aprecie os esforços desenvolvidos pela China e que deseje o melhor para a relação. Findo o jantar, ao contrário do Ocidente, todos os convivas abandonam de imediato o local. Por isso, se tiver algo importante a dizer, deve fazê-lo logo.

Trajes

Terno e gravata são o uniforme de negócios. O tradicional terno azul-marinho é adequado para todas as ocasiões.

Educação

Os chineses são orientados para a família, aprendendo desde a infância que devem depender só de si mesmos ou de sua família devido à transitoriedade do sistema político. A fronteira entre membros e não membros da família é clara na cultura chinesa. Um exemplo disso é o ditado: "Dinheiro não tem passado, futuro ou obrigações. Parentes, sim". Essas ligações familiares são um impedimento para a formação de grandes empresas com regras e procedimentos impessoais, pois pessoas que não pertencem ao círculo familiar têm pouco a dizer nas decisões importantes.

Para os chineses, o nepotismo faz parte da vida. "Quem você conhece é mais importante do que 'o que' você conhece". Se algo precisa ser feito, são indispensáveis contatos para superar a burocracia inerte e pesada do país. Disputas e conflitos são resolvidos por meio de grupos de discussão informais e não por meio de leis e regras impessoais.

Há toda uma cultura de poder embutida na mente da população chinesa, como o desejo de ser o patrão e mestre de seu universo, em vez de ficar na dependência alheia. Por menor que seja o empreendimento, há mais poder e autonomia sendo o dono. Para funcionar de forma eficaz em uma equipe maior, as responsabilidades de cada um devem ser claras e previamente delineadas. Há até um ditado chinês que diz não haver futuro como empregado. O empregado, independentemente de seu desempenho, estará sempre sujeito aos caprichos e desejos de seu chefe.

O confucionismo, que definiu as relações sociais chinesas nos últimos dois milênios e meio, ainda exerce influência marcante e dois de seus quatro principais ensinamentos são lealdade aos superiores e fidelidade aos amigos. São essas regras não escritas que contam. Criatividade e iniciativa não são necessariamente consideradas como habilidades, mas submissão, obediência e busca da harmonia são virtudes elogiadas.

Religião

Budismo.

Agenda do executivo

Moeda: yuan.

Língua: mandarim.

Funcionamento dos bancos: das 9 às 17 horas.

Horário comercial: das 8:30 às 17.30.

Gorjeta: não é de costume dar gorjetas.

Visto: para os brasileiros que estiverem em trânsito e que queiram ficar em Pequim por um período máximo de 72 horas, não é necessário o visto. A regra é válida para os estrangeiros que entram no país pelo aeroporto internacional de Pequim.

Carteira de motorista: o executivo brasileiro não poderá dirigir na China, terá de alugar um carro com motorista ou chamar um táxi.

Cartões de visita: deve-se sempre ter à mão uma boa quantidade de cartões de visita com seu nome, posição que ocupa na empresa e nome desta. De preferência, os cartões devem estar traduzidos para o chinês.

No primeiro encontro, a cerimônia de troca de cartões deverá ser seguida com cuidado. O parceiro recebe o cartão com as duas mãos, em sinal de educação, acenando ligeiramente com a cabeça, procurando a tradução em chinês, lendo-o com extrema atenção. O ritual poderá levar alguns minutos e o anfitrião sorrirá abanando a cabeça. Ele agora sabe quem você é, a qual grupo pertence e as negociações podem começar.

Se receber e entregar cartões de visita com as duas mãos – o cartão virado para o interlocutor enquanto segura os cantos com o polegar e o indicador – o seu gesto será devidamente apreciado e interpretado como uma atitude de consideração em relação às normas chinesas.

Locais para convenções e reuniões

China Nacional Convention Center Grand Hotel
<http://www.cncchina.com/>

Renaissance Tianjin TEDA Convention Centre Hotel
<http://www.marriott.com>

Cingapura

O país na primeira ilha inteligente do planeta

Cingapura é um vibrante centro comercial e financeiro no sudeste da Ásia. Tem um dos portos mais movimentados do mundo e seu aeroporto, que já recebeu medalhas de mérito, atende a muitas companhias aéreas importantes.

A população de Cingapura compreende muitos malaios; portanto, não deixe de se familiarizar com a cultura da Malásia também.

Cingapura está se tornando um eficiente centro de produção com boas relações trabalhistas e empregados qualificados, focalizados no treinamento, na alta produtividade e na pesquisa científica.

As multinacionais investem em Cingapura e exportam seus produtos para os países desenvolvidos. Outra estratégica foi transformar a ilha em um oásis com padrão de país desenvolvido.

A ilha de Cingapura segue muitas tradições britânicas.

Cumprimentos e apresentações

Ao cumprimentar, um aperto de mãos é a forma convencional e pode ser acompanhado de uma pequena curvatura.

Comportamento

Ao cruzar as pernas, cruze-as na altura dos joelhos de forma que a sola do seu sapato não seja mostrada a outra pessoa.

É expressamente proibido jogar lixo na rua e, se a pessoa for pega, pode receber uma multa pesada.

Pontualidade

Seja pontual.

Comunicação

Ao se comunicar com os residentes não britânicos, não toque o topo da cabeça de uma pessoa; acredita-se que aí habita o espírito.

Como fazer negócios

Não pense em facilitar uma negociação com favores pessoais: pode ter um final trágico após um longo tempo de contatos.

Procure evitar intermediários estrangeiros: os cingapurenses acreditam no negócio bilateral.

À mesa

Comer em Cingapura é uma experiência gastronômica. As escolhas são deslumbrantes, com uma ampla variedade, desde pratos locais econômicos (chineses, malaios e indianos), encontrados em centros de alimentação ou em sofisticados restaurantes de cozinha internacional.

Trajes

Roupas leves de verão. Pode ser necessária a utilização de um traje mais formal, em alguns locais ou ocasiões.

Educação

As crianças são educadas para que os idosos recebam grande respeito: seguram a porta para eles, levantam quando entram na sala e cedem o lugar para eles nos transportes públicos.

Religião

As principais religiões são budismo, cristianismo, hinduísmo, islamismo e taoísmo. Os visitantes são bem-vindos aos locais de cultos, desde que vestidos adequadamente e que participem respeitosamente das cerimônias ou rituais. Todos devem retirar seus sapatos antes de ingressarem nos templos e mesquitas.

Agenda do executivo

Moeda: dólar de Cingapura.

Línguas: inglês, malaio, mandarim e tâmil são as quatro línguas oficiais. Enquanto o malaio é a língua nacional, o inglês é a língua comercial, amplamente falada e compreendida.

Funcionamento dos bancos:
10 às 15 horas.

Gorjetas: não é de praxe dar gorjetas.

Cartões de visita: os cartões de visita são trocados com todo o respeito. Mantenha o cartão na mesa à sua frente como um pequeno sinal de respeito.

Visto: os brasileiros não necessitam de visto para entrar em Cingapura, a não ser que queiram permanecer por mais de trinta dias. No entanto, todos os visitantes têm de estar de posse de um passaporte com validade de pelo menos seis meses e passagem de ida e volta.

Carteira de motorista: exige-se carteira de habilitação internacional. Usa-se a mão inglesa.

Locais para convenções e reuniões

Hotel Fort Canning
<http://www.conference-hotel.com>

Fairmont Singapore
<http://www.fairmont.com/singapore/>

Coreia do Sul

No espaço de apenas uma geração, a Coreia passou de um país isolado, fechado e subdesenvolvido, para a décima quinta economia do mundo, um dos tigres asiáticos e uma das mais agressivas potências do comércio mundial.

Sua capital é Seul, o centro político, cultural, comercial e financeiro da Coreia. Por essas características e pela importância da capital para o desenvolvimento do país, ela é conhecida como o centro do milagre econômico. E por ser cortada em toda a sua extensão pelo rio Han-gang, um dos principais fatores que contribuíram para o espetacular crescimento da nação. Seul é também conhecida como "o milagre do rio Han".

Seul não é apenas a maior cidade da Coreia, é também o centro político, industrial, econômico, financeiro, educacional e cultural do país. Os investidores estrangeiros podem esperar o mais moderno e atualizado centro de facilidades para negócios.

O povo coreano é conhecido por sua generosidade, calor e gentileza, e também como um dos mais trabalhadores do mundo. A cultura coreana é voltada para o princípio confuciano, que considera o saber o aspecto mais importante da vida.

Cumprimentos e obrigações

Curvar-se é a forma tradicional de cumprimentos ao chegar e ao sair. Mesmo entre ocidentais e coreanos do sexo masculino, há o cumprimento com uma leve curvatura e, em seguida, o aperto de mãos, às vezes com as duas. Ao se cumprimentar um casal, apertar-se a mão do homem e curva-se para cumprimentar a mulher. Entretanto, se esta lhe estender a mão, não hesite em apertá-la. As pessoas mais idosas estendem a mão primeiro, mas os jovens curvam-se primeiro.

Comportamento

Os homens geralmente têm prioridade na Coreia: passam primeiro pelas portas, andam na frente das mulheres e estas podem ajudá-los a vestir seus casacos. As pessoas idosas são muito respeitadas. Portanto, é apropriado levantar-se quando uma pessoa – sobretudo um homem idoso – entrar na sala.

Evite colocar o pé em mesas ou cadeiras ou sentar de qualquer jeito. A postura adequada é importante. Fique em pé ou sentado de forma ereta e firme Se tiver de cruzar as pernas, cruze-as na altura dos joelhos. Tente manter as mãos à vista do seu interlocutor. Deve-se tirar os sapatos antes de entrar em uma casa coreana.

Normalmente, evita-se falar ou rir alto. O riso é usado para esconder muitas emoções como raiva, frustração e até mesmo medo. Assoar o nariz em público é considerado falta de educação. Nunca o faça à mesa. É considerado uma das piores ofensas no país.

Quem anda pelas ruas de Seul observa um comportamento desconhecido para nós: as pessoas nunca atravessam as ruas cheias de veículos, nem nos cruzamentos com sinal fechado. É uma questão de educação e de hábito. Em todos os cruzamentos, existem passagens subterrâneas que também dão acesso ao metrô e a muitas lojas de departamento. No subsolo praticamente existe outra cidade, com um comércio dinâmico e variado, fazendo lembrar outras metrópoles, como Toronto.

Presentes

Não abra um presente ao recebê-lo. Espere para fazê-lo mais tarde, quando estiver sozinho. Evite dar presentes compostos de quatro unidades.

Pontualidade

A pontualidade é uma das virtudes locais.

Comunicação

É importante olhar os olhos durante as conversas. Em todas as situações, evite tocar, agarrar ou dar tapinhas no braço, ombro ou nas costas de um coreano, a menos que vocês sejam muito amigos.

No entanto, em lugares públicos, o espaço pessoal é muito limitado e os visitantes ocidentais podem ficar desconcertados pela proximidade de outras pessoas em mercados, ônibus ou mesmo nas calçadas.

Quando você está em pé, conversando com alguém, um coreano pode passar entre os dois em vez de contorná-los. É delicado dar um passo para trás para dar passagem a essa pessoa. A razão é que é considerado falta de educação fazer alguém dar a volta por trás de você. Ao andar um público, a convenção é ficar do lado esquerdo da calçada.

Como fazer negócios

É considerado falta de educação entrar em uma sala sem bater à porta. Ao entrar em uma sala de reuniões/conferências, espere ser conduzido ao lugar destinado a você.

Mesmo se for o convidado principal, não vá diretamente à cadeira de honra. Na verdade, você pode até protestar levemente sobre se deve aceitar o lugar mais importante. Isso demonstra humildade e é apreciado pelos coreanos.

Períodos de silêncio são comuns e aceitáveis. Não se preocupe se houver hiatos durante a conversa.

À mesa

Até poucos anos atrás, os coreanos sentavam em mesas individuais para fazer suas refeições sem conversar. Atualmente, eles preferem dividir a mesa com outras pessoas e compartilhar animadas conversas.

Nas refeições, os mais idosos são servidos primeiro e as crianças por último. Sempre espere que os mais velhos comecem a comer. Será também considerado desrespeitoso se você deixar a mesa antes dos mais idosos, mesmo que a refeição tenha terminado. Uma pequena xícara comunitária pode ser passada: beba e passe-a adiante. Também é delicado encher a pequena cumbuca de molho de soja do seu vizinho e vice-versa.

Evite se servir de bebida. Alguém geralmente faz isso para você. Ofereça-se para também servir as outras pessoas. Levante o copo ao receber um drinque e, quando estiver servindo aos outros, apoie o antebraço com a outra mão (se isso parece um pouco complicado, observe como os coreanos fazem). Ficar "alto" com ingestão de bebidas é fato rapidamente perdoado, a menos que seja acompanhado de comportamento inconveniente ou agressivo. É comum oferecer brindes e trata-se de um gesto simples e descompromissado: basta levantar seu copo, olhar para o anfitrião e para as pessoas em sua volta, balançar a cabeça e beber. Alguns poderão colocar o copo de cabeça para baixo, mostrando que beberam tudo. Não estranhe se após as refeições, mesmo as formais, oferecerem palitos de dente.

A culinária coreana é bem condimentada e, muitas vezes, apimentada. Outra característica tem como base a origem agrícola e a tradição confuciana, que faz com que o povo dê grande importância à etiqueta e à apropriada colocação dos pratos e alimentos à mesa.

Comendo com os "pauzinhos"

Se os pauzinhos forem de madeira, você talvez veja os coreanos esfregá-los antes de comer. Isso é simplesmente uma forma de retirar possíveis farpas. Mas, se for o convidado, é falta de educação fazer isso, pois sugere que você recebeu pauzinhos baratos e de qualidade inferior. Não se preocupe, na maioria dos restaurantes os pauzinhos, ou *chopsticks*, são de boa qualidade.

Embora haja muitos pratos comunitários, não pegue porções com os pauzinhos que você levou à boca. Seu anfitrião colocará comida no seu prato ou haverá um par de *chopsticks* separado para servir. Não espete os pauzinhos no arroz. Para alguns coreanos, é um ato supersticioso que pode trazer azar. Em algumas regiões, fazê-lo é considerado uma forma de oferenda aos mortos. Não se preocupe se deixar os *chopsticks* caírem no chão. Alguns acreditam que, com isso, você será convidado para jantar.

Para comer pedaços grandes de comida, é perfeitamente aceitável levar o pedaço à boca com os pauzinhos e cortar um pedaço com os dentes. Coma o arroz e tome a sopa com a colher. Os demais pratos e acompanhamentos, com os *chopsticks*. Você não deve usar a colher e os pauzinhos simultaneamente para comer o mesmo prato. Não chupe os *chopsticks*.

Não pegue os pratos, tigelas ou *bowls* com as mãos para ajudar a levar a comida à boca. Ao comer macarrão longo e escorregadio, é perfeitamente aceitável colocar uma extremidade na boca e sugar o restante. Se não quiser comer, empurre a comida delicadamente com os pauzinhos para o lado do prato. Quando tiver acabado de comer, coloque os *chopsticks* e tigelas no mesmo lugar e posição que você encontrou ao sentar à mesa.

Trajes

O traje normal para o dia a dia dos homens de negócios é formal – paletó e gravata – mesmo quando se atende a convites para almoços e jantares.

Educação

As pessoas idosas são muito respeitadas na Coreia do Sul. Portanto, é apropriado levantar-se quando uma pessoa entra na sala, sobretudo um homem idoso.

Religião

O budismo e confucionismo são seguidos pela maioria da população. Nos últimos anos, houve um crescimento de adeptos cristãos (católicos e protestantes). A prática de ambas as confissões caracterizam o perfil religioso do país.

Agenda do executivo

Moeda: won sul-coreano.

Funcionamento dos bancos: das 9 às 16 horas.

Horário comercial: das 9 às 18 horas (de segunda a sexta-feira); 9 às 13 horas (sábado).

Gorjetas: não existe o hábito da gorjeta no país e ela não é esperada pelos empregados, nem pelos motoristas de táxi.

Cartões de visita: tenha um bom estoque de cartões de visita, se possível em duas línguas, incluindo na de seu anfitrião.

Carteira de motorista: você só poderá dirigir com a carteira de habilitação internacional atualizada.

Locais para convenções e reuniões

Korea Trade Investment Promotion Agency (Kotra)
<http://english.kotra.or.kr>

Korea Trade Investment Promotion Agency (Kotra)

É o escritório de representação comercial do consulado geral da República da Coreia, que tem por finalidade promover o intercâmbio comercial entre o país e o Brasil. Consiste na apresentação de empresas coreanas às brasileiras e vice-versa, com a intenção de fortalecer e ampliar as relações entre ambos os países.

O Kotra organiza eventos de negócios entre empresas, tanto para a compra quanto para a venda de produtos. O órgão também coordena pesquisas de comércio de tecnologia a empresas que tenham interesse. Seja na forma de transferência tecnológica, licenciamento ou na simples compra e venda.

Índia

A Índia é um museu etnográfico e histórico. Mas é um museu vivo e no qual coincidem a modernidade mais arrojada e arcaísmos que sobreviveram a milhares de anos. Diante dessa diversidade, é legítimo perguntar: A Índia é realmente uma nação? A resposta não é inequívoca. Por uma parte, é um cadinho de povos, culturas, línguas e religiões diferentes; por outros, é um território sob o domínio de um Estado regido por uma Constituição nacional. A Índia, em primeira instância, é formada por duas civilizações: a hindu e a islâmica. Ambas são um conjunto de sociedades tradicionais, nas quais a religião é o centro da vida comum. Essas sociedades experimentam numerosas mudanças devido às diversas influências modernas, entre elas a técnica e a economia, mas continuam sendo fiéis às suas tradições.

Ao mesmo tempo em que a cultura nacionalista é obedecida em todo o país, existem numerosos e às vezes violentos movimentos separatistas, principalmente nas regiões dominadas pelo islamismo. Trata-se de uma enorme contradição histórica e compreendê-la é conhecer um pouco a realidade indiana.

Cumprimento e apresentações

As mãos são reunidas em prece, mais ou menos na altura do peito, e faz-se uma pequena curvatura. Essa atitude também significa "obrigado" e "desculpe".

Comportamento

Os indianos são hospitaleiros e cultivam a amizade.

Em uma visita de um presidente norte-americano à Índia, foram oferecidos como presentes quadros com molduras em couro de vaca, do animal sagrado para a religião hindu. Foi um constrangimento total.

Tente não tocar em ninguém ou apontar para alguém com os sapatos ou suas solas. Na Índia, como no Oriente Médio, os pés e as solas dos sapatos são considerados as partes mais baixas e sujas do corpo.

Os homens normalmente não tocam as mulheres em situações formais ou informais.

> Controle sua curiosidade e não fique encarando as pessoas nas ruas. Por lá, isso é considerado uma forma de humilhação.

Pontualidade

Marque os encontros e reuniões com antecedência e seja pontual.

Comunicação

Os empresários indianos podem dar tapinhas calorosos e entusiasmados nas costas. É um mero sinal de cordialidade e amizade.

Como fazer negócios

Estude as religiões indianas antes de negociar: a religião aqui é mais do que um estado de espírito, é a essência da vida. Quando estiver participando de alguma reunião, nunca demonstre raiva, em geral é a pior forma de alcançar os objetivos.

À mesa

Não deixe de lavar as mãos antes das refeições. Se não houver talheres, use as pontas dos dedos e toda a mão (use apenas a mão direita). Os anfitriões costumam servir seus convidados e recusar comida pode ser considerado um insulto.

A cozinha indiana possui grande diversidade de sabores e de pratos e também um grande número de rigor e tabus de ordem ritual, desde a proibição de usar a mão esquerda até a regra de se alimentar apenas de leite e seus derivados. O regime alimentar é um imenso leque de proibições: para certas castas de brâmanes, geralmente as mais altas, o tabu contra a carne se estende ao peixe e aos ovos; para outras, só se refere à carne de vaca.

> Prepare-se para sentir saudade da habitual churrascaria: na Índia a vaca é animal sagrado.

Trajes

Homens e mulheres devem usar roupas mais discretas nos negócios; é sinônimo de elegância.

Vida noturna

A vida noturna na Índia é uma curiosidade. Você poderá encontrar desde luxuosos bares até lugares tenebrosos, muito próximos um do outro. É difícil responder ao *Human kind cannot bear much reality*. O excesso de realidade torna-se irrealidade.

Educação

A complexidade da Índia não se esgota com a divisão entre os islâmicos e os hindus e com a profusão de comunidades, religiões e seitas que vivem entre as duas grandes religiões. Outro elemento que deixa perplexo o observador é a instituição das castas. Estas são, antes de tudo, divisões entre realidades sociais, famílias, línguas, ofícios, profissões e territórios.

Além de sua função religiosa, as castas são grupos governados por um conselho que cumpre uma função política de autogoverno. À autonomia política para os assuntos internos é preciso acrescentar a função econômica e as castas são associações de ajuda mútua. Não são apenas sociedades cooperativas, como as nossas, mas também grupos solidários, verdadeiras fraternidades. Cada pessoa está quase sempre segura de encontrar ajuda nos outros membros de sua casta. Por outro lado, os laços entre os membros de uma casta não só soam políticos e econômicos como também consanguíneos. As regras de parentesco de cada casta são muito estritas e complexas. Assim, o sistema não só é uma rede de relações econômicas e políticas, mas também de famílias unidas pelo matrimônio, os pais, os filhos, os primos, os sobrinhos.

Religião

A peculiaridade mais notável e marcante da Índia não é de índole econômica ou política, mas sim religiosa: a coexistência do islamismo e do hinduísmo. Entre as duas religiões, não só há oposição, mas também incompatibilidade. Na primeira, a teologia é simples e estrita, na segunda, há variedade de seitas e doutrinas.

Agenda do executivo

Moeda: rupia indiana.

Língua: o problema linguístico da Índia é, ainda, político e cultural – como podem se entender tantos milhões de homens e mulheres que falam tantas e tão distintas línguas? Como educar essa imensa população sem uma língua comum? No norte, falava-se urdu ou diversas variedades do hindu, ainda que a verdadeira língua franca tenha sido o hindustani. No resto do país se falavam (se falam) as outras línguas vernáculas. O inglês converteu-se não somente na língua oficial como também na língua de comunicação entre as populações de falas diversas. Com a independência, a questão linguística revelou sua terrível contradição: qual é ou qual pode ser a língua nacional da Índia? O congresso decidiu que seria o hindu, um idioma que não é e nunca será falado pela maior parte do país. Assim, como uma solução que se disse transitória, mas que já dura meio século, a verdadeira língua para governar todos esses povos e para que se compreendam entre eles é o inglês.

Funcionamento dos bancos: das 10 horas às 15:30.

Horário comercial: das 8 às 20 horas.

Gorjetas: em torno de 10%.

Cartões de visita: esteja pronto para trocar cartões de visitas, mas não se esqueça de entregá-los com a mão direita.

Visto: o brasileiro necessita de visto para entrar na Índia.

Carteira de motorista: é necessário o uso da carteira de motorista internacional.

Locais para convenções e reuniões

The Leela Palace New-Delhi
<http://www.theleela.com/locations/new-delhi>

Renaissance Mumbai Convention Centre Hotel
< http://www.marriott.com>

Japão

De fato, nem sempre é possível *contar com educação e a compreensão tão grandes como as de certo empresário japonês que convidou uma brasileira para visitá-lo em sua casa.*

Lá chegando, a moça esqueceu-se de tirar os sapatos ao entrar. O anfitrião e sua família, que estavam de meias, como é costume dentro de restaurantes e casas japonesas, pediram licença, retiraram-se e, pouco depois, reapareceram de sapatos para não constranger a visita.

Maria do Carmo Nobuko

Milton Neshek é um advogado norte-americano e diretor de uma empresa japonesa no Meio-Oeste dos Estados Unidos.

Certa vez, acompanhou o governador do seu estado em uma missão comercial no Japão, na qual o político falou para uma enorme e distinta plateia de funcionários do governo japonês. No final da apresentação, o governador, visivelmente preocupado, imprensou Neshek e lamentou:

– Meu discurso foi um desastre! Não devia tê-lo feito. Por que minha assessoria não me avisou?

Confuso, Neshek perguntou:

– O que o fez pensar que seu discurso foi horrível?

O governador reclamou que havia visto muitos membros da plateia com sono, até mesmo balançando a cabeça. Aliviado, Neshek explicou rapidamente que, entre os japoneses, é comum demonstrar concentração e atenção fechando os olhos em contemplação e balançando levemente a cabeça para cima e para baixo. O que o governador interpretou como enfado era, na verdade, um sinal de respeito e atenção.

Roger E. Axtell,
Em *Gestos*

A base da etiqueta japonesa é o respeito. Esse respeito é demonstrado em tudo e a toda hora.

> Não tente lisonjear um japonês. Não funciona. Os japoneses não estão acostumados a isso e vão achar a pessoa falsa. Falar todo o tempo de dinheiro e lucros não agrada ao homem de negócios japonês, que é muito conservador.

> Leva tempo para entender a cultura japonesa. Mas é essencial esforçar-se. Sem relacionamentos, você nunca estabelecerá relações de negócios.

Cumprimentos e apresentações

Para aqueles que viajam com frequência ao Japão, um conselho: quando visitar o país, mantenha sempre os sapatos engraxados, já que todos olharão muito para eles ao se encurvarem. Muitas vezes me perguntam: "O brasileiro deve curvar-se ao japonês?". Não, não é necessário, mas uma breve curvatura demonstra que você respeita os costumes. Nossa postura pode se refletir nos negócios ou nas relações exteriores.

Os empresários ocidentais que trabalham no Japão sabem disso e se esforçam para imitar cuidadosamente os japoneses.

Quem se curva primeiro?

A palavra-chave é "hierarquia". Uma forma rápida de se lembrar dessa lição é simplesmente lembrar-se de que quanto mais elevada for a posição da pessoa à sua frente, mais baixo você deve se curvar. Na sociedade japonesa, é extremamente importante, principalmente nos negócios, saber a posição que a pessoa com quem você estabelece contato ocupa na hierarquia da empresa. O mesmo vale para a posição que você ocupa na sua empresa.

Evite dar tapinhas nas costas dos japoneses, ficar muito próximo, qualquer forma de beijo em público ou contato físico prolongado.

Comportamento

A postura correta é importante no Japão, sobretudo ao se sentar. Evite esparramar-se na cadeira. O equilíbrio é um principio básico japonês, portanto, pratica-se uma postura sólida e firme ao se sentar ou andar.

> No Japão, aparecer demais, falar alto, gesticular muito e se agitar são considerados vulgares. Mostrar a boca aberta é considerado rude. Essa é uma das razões para que muitos japoneses, principalmente as mulheres, cubram a boca quando riem.

Até hoje não é muito comum receber amigos em casa.

No Japão, os maridos não têm o hábito de levar suas mulheres a encontros de negócios, e quando acontece de dois ou mais casais se reunirem em algum restaurante, marido e mulher sentam lado a lado.

Presentes

Dê um presente com as duas mãos. Essa atitude é vista como um gesto de humildade, o que é muito importante no Japão.

Ao receber um presente, não se espera que o abra imediatamente. Para os japoneses, abrir o presente seria concentrar demasiada atenção no objeto e não naquilo que é verdadeiramente importante, ou seja, a intenção.

Contudo, se você for instado a abrir um presente, deve fazê-lo. Antes de aceitar um presente, os japoneses fazem pelo menos um, e em regra três, gestos de recusa. Esta porém é uma norma de etiqueta e a oferta só deverá ser retirada se você, de fato, sentir uma relutância genuína na sua aceitação. Espere para abrir o presente mais tarde, sozinho.

Pontualidade

A pontualidade é bastante apreciada.

Comunicação

O japonês é avesso ao contato físico. Os abraços calorosos com tapas nas costas são desconcertantes para o homem de negócios do país, causa constrangimento e é mal recebido. Até em uma conversa comum entre japoneses, a distância que separa os interlocutores é maior do que no Ocidente.

Nos transportes públicos, a questão é diferente. As pessoas estão acostumadas a serem prensadas em lugares pequenos, os funcionários do trânsito têm a função de empurrar as pessoas para dentro dos trens públicos antes de as portas se fecharem.

No Japão, ainda hoje, estamos diante da tradição e da filosofia cultural agrária, influenciada pela natureza e pelas mudanças de estações. Essa é a razão talvez de o japonês não ser apressado. Há um provérbio no país que diz que "tudo muda em setenta dias", o que nos serve de conselho para não nos apressarmos, não reagirmos com exagero nem com muita rapidez. Deve haver um espaço intermediário entre os dois enfoques – o mais apressado e o mais lento.

Há uma piada popular que fala de dois sujeitos, um norte-americano e um japonês que andavam juntos na selva, quando viram que um leão vinha em sua direção. O japonês imediatamente sentou no chão e começou a calçar seus sapatos de corrida.

– Se você pensa que pode correr mais que um leão faminto, você é um bobão – disse o norte-americano.

– Eu não preciso correr mais do que um leão faminto – respondeu o japonês. – Só preciso correr mais do que você.

A mulher na sociedade

Os japoneses se acostumaram ver as mulheres em posições subalternas. Ficam muito pouco à vontade quando uma mulher se porta de maneira masculina e agressiva. As estrangeiras que forem ao país a negócios com empresas tradicionalmente dominadas por homens devem suavizar seus gestos e mover-se com delicadeza.

As mulheres não devem esperar que um japonês abra a porta do carro ou as deixe passar à frente quando os dois estão entrando por uma porta.

Como fazer negócios

É cada vez mais frequente fazer negócios com japoneses. Se for esse o seu caso, não se esqueça de que se trata de uma cultura *sui generis*. Uma executiva, responsável pelo departamento de exportações da Mitsubishi Corporation, viveu cerca de dois anos no Japão e aponta alguma característica do homem de negócios japonês:

"Nas negociações, os japoneses são muito cautelosos. Atingir os seus objetivos está acima de tudo de tal forma, que preferem não discutir certos pormenores, para não comprometer os fins. Isso às vezes é prejudicial, porque deixa no ar a ideia de que tudo está bem, quando podem estar insatisfeitos. Para discutir um assunto específico, são capazes de marcar uma reunião extraordinária. Em regra, as reuniões são prolongadas, o que não significa que todos os assuntos sejam discutidos".

Normalmente, os japoneses deslocam-se a um país estrangeiro em comitiva e raramente viajam sozinhos.

Aquele que fala nem sempre é a pessoa que toma as decisões. Pode ser um mero porta-voz. Há duas explicações para isso: o decisor pode não saber falar inglês ou, então, não quer se expor. As respostas são transmitidas por um porta-voz como forma de os decisores terem tempo para pensar.

Se o negócio correr bem, convém levar a comitiva para jantar. Eles dão grande importância à refeição da noite, já que o almoço é muitas vezes feito às pressas. Os japoneses dão muita importância às relações comerciais futuras, são rígidos na pontualidade, mas não rigorosos quanto à pauta de uma reunião que, de acordo com o seu desenrolar, pode ter a agenda alterada.

São normalmente os mais jovens que viajam ao exterior para representar a empresa nas reuniões de negócios. Isso poderá complicar as negociações, porque os mais jovens estão limitados pelas diretrizes da empresa. Assim, são mais inflexíveis e com eles torna-se mais difícil. Os japoneses são capazes de ceder em questões menos importantes, mas naquelas que consideram essenciais são inflexíveis. Negociam agressivamente, mas sempre com respeito – as relações pessoais são a chave dos negócios.

O executivo ocidental tem de se acostumar com o vasto número de pessoas que a empresa japonesa escala para discutir com ele. Quanto maior o número de executivos de nível médio que ele tenha de enfrentar, melhor.

A maneira de negociar dos japoneses pode parecer frustrante e demorada, mas será um suicídio comercial criticar o processo ou qualquer aspecto dele. Você tem de ser paciente e manter-se calado. Na verdade, eles acham que têm maneira de agir melhor do que a nossa. A lealdade é um elemento fundamental da prática comercial japonesa.

Quanto o interlocutor acena que sim com a cabeça, não quer dizer necessariamente que concorde, mas apenas que está ouvindo com atenção. Nunca se deve esperar acordos rápidos. Nos encontros de negócios, é servida apenas água e, como em outras partes do mundo, o cigarro é rigorosamente proibido.

Ouvir é considerado não apenas uma delicadeza no Japão, mas também é visto como uma técnica empresarial valiosa. Os norte-americanos e outros ocidentais tendem a interromper a conversa com frequência. O escritor John C. Condon escreve que as três principais queixas dos japoneses em relação aos ocidentais são: "eles falam demais, interrompem e não sabem ouvir".

Antes que se estabeleça uma relação de confiança mutua, você tem de conhecer a pessoa. Raras empresas farão negócios com alguém cujo *status* e confiabilidade são desconhecidos.

Um grande executivo japonês não negociará com qualquer funcionário do Ocidente e a empresa japonesa poderá condescender em tratar com escalões inferiores da empresa estrangeira somente quando já houver uma concreta relação de amizade entre os negociantes.

Para início de conversa, o japonês exigirá copioso material de informação sobre a sua empresa. É essencial que forneça esse material e que seja completo e minucioso. Se não o fizer, as negociações provavelmente serão canceladas. Encontros e entrevistas devem ser marcados antes de sua chegada ao país. Caso você não o faça, ficará sujeito a grandes demoras. Nas reuniões, podem ocorrer períodos de silêncio, o que é perfeitamente aceitável e normal. Durante esses períodos, os japoneses podem até levantar os olhos para olhar sobre as cabeças das outras pessoas enquanto contemplam.

A primeira coisa que intriga os consultores jurídicos do Ocidente é que muitos dos contratos no Japão especificam que, ao longo de sua duração, se mudassem as condições e houvesse impedimento para que uma das partes cumprisse seu lado, os dois interessados se reuniriam para discutir a nova situação. Esse tipo de cláusula é bastante comum e muitas empresas chegam a fazer boa parte ou quase todos os seus negócios sem nenhum contrato.

Em uma reunião de negócios, pode haver divergências de opinião, o que é muito natural entre os ocidentais, mas os japoneses, entretanto, sempre tentam evitar. O problema é que é muito difícil brigar no idioma japonês pelo fato de a própria estrutura da língua ser muito indireta e pouco propícia ao confronto. O japonês é sempre muito polido e bem-educado ao falar, e a maioria deles, quando ouve uma discussão no estilo Ocidental, se impressiona muito com o tom agressivo.

Eles entendem que a divergência pode significar o fim de uma amizade. Já tive oportunidade de explicar a alguns japoneses que, geralmente, quando o ocidental briga, é sinal de amizade. Quando nós ocidentais nos calamos e nos recusamos a discutir qualquer coisa, então atingimos de fato uma situação perigosa.

O Japão tem uma visão diferente das bases de sucesso nos negócios e na indústria. Acreditam que, se querem alta eficiência e produtividade, é preciso ter um relacionamento próximo e cordial com os funcionários, pois isso contribui para elevar o moral e, consequentemente, a produção. Às vezes, isso é o que há de mais importante para se criar um sentido de afinidade, o que eventualmente nos leva a tomar decisões tecnicamente irracionais. Eles dizem: "Podemos ser totalmente racionais com uma máquina, mas se trabalharmos com gente, a lógica às vezes deve ceder lugar a outra forma de entendimento". As empresas devem se preocupar com os trabalhadores tanto quanto com os acionistas.

Os japoneses ficam surpreendidos ao ouvir algum tipo de divergência no meio de uma reunião suave e agradável.

Em geral os japoneses, quando participam de reuniões, gostam de sentar educadamente, falar pouco ou nada, e por isso acabam não fazendo novos amigos. Eis outro grande problema japonês.

Uma vez conseguido um acordo, espera-se que os executivos permaneçam em constante comunicação uns com os outros. Do contrário, se presumirá desinteresse e falta de empenho por parte de um dos parceiros de negócios.

Diferenças existem

Os japoneses acreditam no envolvimento de seus funcionários no início do processo decisório e no *feedback* de seu pessoal. E provavelmente sabem ouvir muito melhor que os ocidentais. Mas pode-se ter certeza de uma coisa: quando eles têm problemas, a decisão final sempre fica com o executivo mais graduado da empresa, enquanto nós perdemos tempo tentando imitar alguma coisa que na realidade não existe.

Os executivos japoneses não estão preocupados em acarpetar um escritório, em conseguir uma garrafa exclusiva de água ou em ter uma pintura original nas paredes. Com frequência vimos que, em empresas estrangeiras, certos elementos superficiais, como estrutura física e decoração dos escritórios, tomam muito mais atenção, tempo e dinheiro do que realmente merecem. Os japoneses gostam de se preocupar com o clima dos negócios dentro das fábricas e de oferecer aos funcionários um ambiente de trabalho agradável, simples e confortável, pois acreditam que isso tem um efeito direto sobre a qualidade da produção.

Recentemente, uma empresa norte-americana, fabricante de equipamento gráfico computadorizado, formou uma *joint-venture* com uma empresa japonesa, e, na ocasião, o sócio japonês disse ao norte-americano: "Gostaríamos que vocês desenhassem o *showroom*, e nós ficamos encarregados dos escritórios em cima". A ideia parecia razoável. O *showroom* ficou muito bonito, com luz suave e cadeiras confortáveis para visitantes e clientes. O equipamento em exposição recebia grande destaque através de modernas técnicas de *display*, incluindo apresentações de vídeos e elegantes prospectos em quatro cores, o que promovia a empresa e seus produtos. Na parte superior do prédio, toda a equipe da nova empresa foi colocada em um salão enorme, sem nenhum tipo de divisória. Apenas um amontoado de mesas com telefones, arquivos e outros móveis indispensáveis, tudo dentro de uma disposição bem espartana.

Ao ver isso, o sócio americano ficou espantado, e o japonês logo explicou o espírito da coisa. Quando os clientes japoneses entram nos escritórios de uma nova empresa, que ainda luta por seu lugar no mercado, e veem tapetes luxuosos, escritórios privativos, muito conforto, enfim, ficam desconfiados de que a empresa não é séria, que está gastando muito com o conforto da gerência, em detrimento do produto e dos clientes em potencial. "Se tivermos sucesso dentro de um ano, poderemos até mesmo dar um escritório privativo aos executivos. Mas, no momento, devemos todos lembrar de que estamos lutando para que a empresa tenha sucesso".

À mesa

Se para trabalhar no Oriente o ocidental precisa estar preparado, para festejar, mais ainda. São costumeiros os banquetes de nove a treze pratos, regados a muita bebida alcoólica e muitos brindes. Os orientais são "bons de copo" e os visitantes precisam acompanhá-los. É uma ofensa deixar comida no prato.

Se estiver comendo com *hashis*, siga alguns costumes: os japoneses seguram as tigelas diretamente sob os lábios e usam os pauzinhos para levar a comida à boca. Ao comer macarrão longo e escorregadio, é perfeitamente aceitável colocar uma extremidade na boca e sugar o restante.

Ao brindar, se estiver com um convidado de honra ou um anfitrião, aguarde que eles iniciem o brinde. As pessoas de hierarquia mais baixa, devem abaixar o copo quando estiverem brindando com um superior.

As cerimônias de negócios são ocasiões excelentes para consolidar os relacionamentos profissionais, mas não para tratar de negócios. Um executivo não trabalha enquanto come, pois a hora das refeições é um momento de descanso. Pode servir para que dois empresários se conheçam melhor, mas só isso.

Há certos rituais a observar, como tirar os sapatos ou se sentar no chão. Beber é um passatempo, a oportunidade de se dissipar a habitual reserva do japonês.

As mulheres ficam fora disso. Não é costume, nem considerado correto que uma mulher de negócios seja acolhida nesse clube de homens.

Cumpre obedecer a certas regras quando se bebe com um grupo de pessoas. Você jamais se serve – alguém na mesa o fará por você. Depois de um jantar formal, você pode ser convidado para esticar a noite em bares de karaoquê e casas de gueixas. Atualmente, somente homens muito ilustres e influentes podem contar com os serviços de gueixas autênticas, que são raridade no país. O preço dos seus serviços vem incluído na conta.

Trajes

Os japoneses apreciam a discrição, ternos sóbrios, escuros ou de cores neutras.

Educação

Os japoneses acreditam que a educação deveria começar no instante em que o cordão umbilical é cortado. Suas crianças vão para a escola aos três ou quatro anos e são avaliadas até para entrar no jardim de infância.

Os estudantes que vão para a Universidade de Tóquio, uma das melhores dos país, são considerados um grupo de elite. Quem é aceito na universidade terá grande chance de um futuro promissor e quase não se ouve falar de outras faculdades. No Japão, os funcionários de uma empresa são contratados para toda a vida, e praticamente ninguém é demitido. Como resultado, a empresa dá sequência a educação. Ninguém entra para uma fábrica de automóveis e depois de três meses decide: "Acho que vou abrir um boliche". No Japão, não existe a chamada crise da meia-idade.

As escolas mantêm os estudantes concentrados nos estudos, e a sociedade japonesa não tolera nenhuma distração ou complacência da família ou de quem quer que seja. A maioria dos estudantes do curso secundário não dirige carros, não namora e não ajuda a família nas tarefas domésticas. Ao chegarem da escola, os jovens vão direto para o quarto e se dedicam aos livros. Quando se sentem tentados a abandonar a disciplina, os professores chegam a passar deveres de casa que os ocupam durante os quarenta dias das férias de verão. Enquanto isso, os estudantes brasileiros assistem a uma média de quinze horas de televisão por dia, entre as idades de seis e dezoito anos. Isso representa duas mil horas a mais do que o tempo em que permanecem na escola. Assim, enquanto as crianças japonesas estão se aperfeiçoando em matemática e economia, as nossas estão memorizando os nomes dos artistas da TV ou os enredos das novelas.

Religião

51,3% dos japoneses professam o xintoísmo; 38,3% o budismo; 10,4% outras religiões.

Agenda do executivo

Moeda: iene.

Língua: japonês.

Funcionamento do bancos: das 9 às 15 horas.

Horário comercial: das 9 às 17 horas.

Gorjetas: não existe o costume de dar gorjetas no Japão.

Cartões de visita: troque cartões nos primeiros momentos da apresentação. Se não houver troca de cartões, os homens de negócios do Japão se desinteressam pelo contrato e consideram a relação aleatória e de curto prazo.

Coloque as informações impressas em japonês no verso, de preferência com a mesma qualidade de impressão nos dois lados, ou você estará insinuando que a língua deles é secundária.

Ao trocar cartões de visita no Japão, a etiqueta manda que você:

- Apresente e receba o cartão com as duas mãos. Pegue o cartão com os polegares e indicadores, com o texto voltado para o receptor;
- Acompanhe isso tudo com uma leve curvatura.

Conselho: não guarde casualmente o cartão de visita do seu novo conhecido no bolso. Trate-o com respeito, pois, afinal de contas, é um símbolo da própria identidade da pessoa. Com todo respeito, coloque o cartão na mesa à sua frente. Evite anotar dados nele, pelos menos na frente da outra pessoa.

Visto: para entrar no país é necessário o visto.

Carteira de motorista: você pode dirigir no Japão com a habilitação internacional.

Locais para convenções e reuniões

Japan Congress & Convention Bureau
<http://www.jccb.or.jp/>

Four Seasons Hotel – Tokyo at Marunouchi
<http://www.fourseasons.com/>

Tailândia

O grupo econômico dos tigres asiáticos que inclui a Tailândia, Malásia, Indonésia, Filipinas e Cingapura se expandiu muito nos últimos anos. Muitos estrangeiros acreditam que a Tailândia ainda não tem uma noção exata do seu progresso.

A Tailândia se orgulha de não ter sofrido dominação externa no passado e possuir a maior influência do budismo de todos os países asiáticos, praticado pela maioria da população, que é composta por 80% de tailandeses, 20% de chineses e de outras etnias variadas. O maior feito deste país de pessoas sorridentes é conciliar as fortes instituições com modernização acelerada.

A globalização chegou rápido e, embora seja um país oriental, há muitas marcas do ocidente, em função dos fortes investimentos estrangeiros.

A Tailândia é membro da Associação das Nações do Sudeste Asiático (Asean), bloco econômico que integra Brunei, Camboja, Indonésia, Laos, Malásia, Mianmar, Filipinas, Cingapura e Vietnã. Os principais parceiros comerciais da Tailândia são os países vizinhos. Fora desse eixo, estão o

Japão, seu principal parceiro, e os Estados Unidos, seu principal mercado.

Cumprimentos e obrigações

O cumprimento tradicional na Tailândia é chamado *wai*, no qual as mãos são colocadas juntas em posição de oração e a cabeça é levemente curvada. É quase idêntico ao *namaste* da Índia. Significa "olá", "obrigado", "adeus" ou mesmo "desculpe".

Comportamento

A parte mais sagrada do corpo humano é a cabeça. Consequentemente, evite tocar a cabeça das pessoas, o que muitas vezes é difícil para os ocidentais que inconscientemente fazem festinha na cabeça das crianças.

Por outro lado, as partes mais baixas do corpo são os pés e, portanto, você não deve apontar o dedão ou calcanhar ou qualquer parte do pé a uma pessoa ou objeto. Não use os pés para mover objetos e evite mostrar a sola do sapato a qualquer pessoa, pois esse gesto é tido como falta de educação.

Dois costumes ocidentais – colocar o braço sobre as costas da cadeira na qual outra pessoa se encontra sentada e dar tapinhas afetuosos nos ombros ou costas de outra pessoa – são gestos considerados impróprios e até ofensivos.

É falta de educação ficar em pé conversando com alguém com uma ou as duas mãos nos bolsos.

O costume é tirar os sapatos antes de se entrar em qualquer casa, mas alguns tailandeses insistem que os ocidentais não os tirem em deferência à tradição do Ocidente.

Dois homens tailandeses podem ser vistos andando de mãos dadas pela rua. É um sinal de amizade. Outros gestos de afeto raramente são demonstrados em locais públicos.

Como em muitos países do Oriente, o sorriso é usado não só para expressar prazer e divertimento, mas também para esconder constrangimento de qualquer espécie. O ocidental fica encantado com o sorriso do povo tailandês. A Tailândia é conhecida como a "Terra do Sorriso". Existem vários tipos de sorriso: triste, seco, fechado, polido, alegre.

Nunca perca sua paciência.

Nunca faça piadas irônicas ou negativas.

Não espere receber instruções verbais.

Demonstrar raiva é o pior comportamento que você pode ter durante uma negociação.

Pontualidade

Seja pontual.

Comunicação

Os tailandeses quando querem dizer "sim" movimentam a cabeça de um para o outro (sinal que, para nós, quer dizer não).

Como fazer negócios

É muito importante conhecer e compreender as diferenças culturais e o estilo do tailandês. Este é, para muitos ocidentais, considerado um enigma. O sistema tailandês envolve um conceito de "contração do coração", que na verdade significa que os interesses pessoais e os desejos devem ir até um ponto que a outra pessoa não se sinta incomodada. Para isso ficar claro na prática, cito um exemplo de um gerente da Ericsson:

"Se um homem de negócios tailandês tiver a opção de escolher um produto mais barato, que possua menos funções, mas conhece a pessoa com quem está negociando, certamente ele vai optar por fechar negócio com essa pessoa. A lição para os novatos é que você não pode simplesmente ir para a Tailândia, jogar o cartão e achar que o negócio vai aflorar. Há uma certa demora, você deve criar laços afetivos em suas visitas. Todo o dinheiro que você levar não é suficiente para abrir a cultura tailandesa de uma só vez".

Você deve ter paciência

A Cia. Mynnex descobriu as vantagens da paciência quando tentou construir sua primeira loja, há muitos anos. No início foi difícil, mas depois de certo tempo ela se uniu com a gigante Charoen Pokphand Foods PCL. Gradualmente, seus executivos começaram a trabalhar juntos em uma nova unidade que pretendia vender milhões de linhas telefônicas. "No início achamos que seria impossível atingirmos nosso objetivo, mas com o passar do tempo vimos que só seria possível se conhecêssemos melhor esse grupo que trabalha com tanta alegria".

Isso, porém, não ocorreu. Apesar de despender milhões de dólares, o executivo da empresa adotou uma estratégia errada, exigindo de saída contratos vultosos, em vez de começar alinhavando a parceria para se fazer um grande negócio. O resultado não foi nada agradável, pois eles não conseguiram captar o espirito tailandês.

Outro componente muito importante na relação com os tailandeses é a idade. Se uma pessoa muito jovem, mas competente, é levada a um cargo mais alto, ela vai para esse cargo com muita diplomacia e com muito cuidado para não ofender a autoridade do seu posto.

O tailandês não costuma manifestar sua opinião. Normalmente, à guarda para si para não ofender ou contrariar alguém. Assim como o japonês, o tailandês é muito educado. O primeiro círculo do tailandês consiste na sua família e nos seus amigos. O relacionamento deve ser conduzido com muita polidez e carinho. O segundo círculo compreende o "amigo dos negócios". Ele tenta da melhor forma permanecer amigo, sabendo que vai precisar desse relacionamento no futuro. O terceiro compreende as pessoas em geral. Desde que elas não tenham influência em sua vida, ele não se sente obrigado a nada, e não pensa muito quando tiver de ser rude ou agressivo.

À mesa

Assim como o país, a comida tailandesa oferece variedade. São aromas e sabores, combinando temperos fortes e produtos frescos do mar. As refeições são especiais, pois o ato de comer na Tailândia está numa cotação bem alta na escala dos prazeres humanos.

Aos convidados quase sempre se oferece uma bebida quente ou fria, e o gesto delicado é aceitá-la.

À mesa, usa-se uma colher e um garfo – o garfo para empurrar a comida para a colher.

Já que a mão esquerda é considerada "impura", não coma com ela ou passe qualquer objeto a outras pessoas usando a mão esquerda.

Trajes

Para as reuniões de negócios, recomenda-se o traje mais discreto.

Educação

Ao passar na frente de alguém, sobretudo de uma pessoa mais idosa, curve ligeiramente a parte de cima do corpo.

Religião

O budismo é a religião de 95% da população.

Tire os sapatos antes de entrar em um templo e mostre o máximo de respeito às imagens de Buda e às pinturas do rei. Tradições milenares convivem na Tailândia. Num país de 60 milhões de habitantes, sendo 10 milhões em Bangkok, é na capital que se observam os contrastes entre o velho e o novo, pois nas demais partes do país ainda se cultiva prioritariamente a fé, baseada no budismo e em suas ramificações. A maioria da população masculina passa a vida voltada à religião – totalmente desprendidas da vida material, como verdadeiros monges. Isso implica raspar a cabeça e dedicar-se à meditação, atividade de respaldo popular.

São 18 mil templos budistas, repletos de imagens do criador da doutrina.

Agenda do executivo

Moeda: baht.

Língua: tailandês.

Funcionamento dos bancos: das 8:30 às 15:30.

Horário comercial: 8:30 às 17h.

Gorjetas: em torno de 10% a 15%, se o serviço for agradável.

Cartões de visita: troque cartões de visita, com o seu impresso em português e em tailandês.

Visto: o brasileiro que for para a Tailândia até um período máximo de três meses não necessita de visto. Um comprovante de vacinação contra a febre amarela é obrigatório.

Carteira de motorista: você só pode dirigir com a carteira de motorista tailandesa, mas é muito difícil dirigir em Bangkok, recomendo usar os serviços de táxi.

Locais para convenções e reuniões

The Imperial Queen's Park
<www.imperialhotels.com>

Miracle Grand Convention Hotel
<http://www.miraclegrandhotel.com>

Períodos de viagens

Para *business travellers*, recomenda-se viajar em qualquer época do ano, exceto quando se comemora o Ano Novo Tailandês, 13 a 15 de abril) e o Ano Novo chinês (data móvel).

MÉXICO
Cidade do México
Havana
CUBA
BELIZE
Tapachula
Belize
HONDURAS
GUATEMALA
S. Pedro Sula
NICARÁGUA
EL SALVADOR
Manágua
San José
COSTA RICA
Bogotá
PANAMÁ
EQUADOR
Quito
PERU
Lima

AMÉRICA LATINA

Argentina

Brasil

Chile

México

Paraguai

Uruguai

ASPECTOS CULTURAIS DA AMÉRICA LATINA

LÍNGUA PREDOMINANTEMENTE ESPANHOLA, COM EXCEÇÃO DO BRASIL.

UMA POSTURA ACENTUADA DE MACHISMO.

NÃO SE PREOCUPAM EXCESSIVAMENTE COM A PONTUALIDADE (HÁ UMA TOLERÂNCIA RAZOÁVEL PARA A HORA MARCADA).

NUNCA DIZEM "NÃO" E PROTELAM AS NEGOCIAÇÕES.

PREOCUPAM-SE MAIS COM A FORMA DO QUE COM O CONTEÚDO EM UMA CONVERSAÇÃO.

A INDICAÇÃO VALE MAIS DO QUE O QUANTO SE SABE.

VALE O PRINCÍPIO DA DIVERSÃO ANTES DOS NEGÓCIOS.

ACEITAM ABRAÇOS, COCHICHOS E CONTATO FÍSICO.

Argentina

Com histórico negativo entre o Brasil e a Argentina, poucos eram os empresários brasileiros que ousavam se aventurar no mercado argentino. Problemas bastavam os nossos, era o que então se dizia. Por que duplicá-los? Foi a época da pessimista teoria do "Efeito Orloff"[1] ou "eu sou você amanhã". Então, poucas marcas eram vistas nas vitrines de Buenos Aires.

Atualmente, o cenário é bem diferente. Por meio de uma série de acordos, a pedra fundamental do Mercosul, os governos do Brasil e da Argentina decidiram que era hora de deixar todas as rivalidades que só escondiam o grande potencial de cooperação e de amizade existentes entre os dois países.

Os empecilhos políticos foram sendo afastados a um a um, e decidiu-se facilitar a integração. Atualmente, as relações Brasil e Argentina são marcadas pela cooperação e pela busca de uma política comum para o desenvolvimento de ambas as regiões.

1. Efeito Orloff: campanha famosa "Eu sou você amanhã", em que alertava o consumidor sobre a importância de escolher certo a sua bebida e evitar a ressaca do dia seguinte.

Cumprimentos e apresentações

Um aperto de mãos caloroso é costume na Argentina. Quando os homens passam a se conhecer melhor, o aperto de mãos pode ser acompanhado de um pequeno toque no antebraço ou cotovelo. Normalmente, não se fala com pessoas estranhas antes das devidas apresentações.

Comportamento

Os homens geralmente cruzam as pernas joelho sobre joelho, mas essa posição pode ser considerada imprópria para as mulheres.

Pontualidade

A pontualidade, dentro da tolerância do costume latino, é mais observada.

Comunicação

Quando conversam, os argentinos podem ficar mais próximos do que os norte-americanos ou europeus.

O argentino pode até tocar no braço ou ombro ou mesmo manusear a lapela de seu interlocutor.

Olhar nos olhos é importante.

Esportes e família são bons temas para conversa.

Como fazer negócios

Aos empresários brasileiros que desembarcam na Argentina, bem como aos argentinos que começam a investir mais e mais no Brasil, a recomendação que se faz é a mesma: nada de entusiasmos fáceis.

Fazer negócio em um outro país exige cautelas adicionais e disposição para enfrentar as diferenças entre a língua, os hábitos e as práticas empresariais. O sucesso do empreendimento muitas vezes vai depender desses cuidados iniciais, da escolha de um bom sócio e da seriedade nas intenções.

À mesa

Apesar de Brasil e Argentina terem muito em comum, costumes são costumes, e aquele seu jantar de negócios tão promissor pode ser arruinado com a gafe mais banal. Aqui, algumas dicas quando você for à Argentina:

Jantar fora é um dos programas favoritos dos portenhos. Café da manhã ocorre por volta das sete horas; almoço, às treze horas; e o jantar nunca antes das vinte horas.

Um bom programa são os cafés, um ritual diário. Em um café, concluem-se negócios sem nenhuma pressa. Jamais algum garçom vai se atrever a apresentar uma conta antes que esta seja pedida.

Trajes

Deve-se estar vestido de acordo com a ocasião. Os argentinos parecem permanentemente vestidos para um coquetel. Mas não abuse dos trajes sociais; use-os quando requisitado num convite ou numa ida ao Teatro Colón, por exemplo. As mulheres preferem a cor preta para os vestidos, sempre acompanhados de salto alto. O estilo é sóbrio, seguindo a tendência europeia de tons pastel. Os trajes à moda americana, de colorido forte, ficam para os artistas e astros do *show-business*.

Algumas gafes comuns

Levar alguém que não seja convidado. Trajes que contrastam com a ocasião. Colocar nos convites apenas o nome do homem – coloque o nome de ambos (esposa) por inteiro.

Educação

As crianças são educadas desde pequenas para demonstrar deferência aos mais velhos, portanto dê-lhes passagem em lugares públicos e não se oponha se forem atendidos primeiro.

Agenda do executivo

Moeda: peso argentino.

Língua: espanhol.

Funcionamento dos bancos: das 10 às 15 horas.

Horário comercial: das 9 às 12 horas e das 14 às 19 horas.

Gorjetas: 10% em restaurantes e táxis.

Cartões de visita: apresentar e trocar cartões de visita é um costume importante, portanto, leve um bom estoque.

Visto: brasileiros podem ficar na Argentina como turistas por um prazo de até noventa dias, podendo ser renovado junto à Dirección Nacional de Migraciones.

Carteira de motorista: Aceita-se a CNH brasileira.

Locais para convenções e reuniões

Sheraton Buenos Aires Hotel & Convention Center
<http://www.starwoodhotels.com>

San Rafael Congresos & Exposiciones
<www.congresos.mendoza.gov.ar>

Brasil

O Brasil é o quinto país do mundo em extensão, sendo um pouco maior do que os Estados Unidos continental, excluindo-se os estados do Alasca e Havaí. O Brasil contém em seu território muitas regiões com grupos étnicos e classes sociais diversas.

Com uma população de aproximadamente 194 milhões de habitantes, trata-se de um país com influências culturais vindas da África, da Europa e dos povos ameríndios que já viviam por aqui no momento da chegada dos portugueses.

Como em outras culturas, a sociedade está mudando. A informação cultural da atualidade representa as classes média e alta do país.

Quem é o brasileiro?

O Brasil tem uma história de mestiçagem de etnias e de imigração. É um país com uma população de origem das mais diversas. Em comparação com outros países, a discriminação racial está pouco presente nessa nação. Graças a esse comportamento, vários imigrantes que começaram a chegar a partir de 1908 foram também muito bem recebidos, de modo que se radicaram tranquilamente na nova terra.

Vale a pena ressaltar o curioso sentimento que um estrangeiro experimenta quando chega pela primeira vez no Brasil. Não estranha o ambiente nem tem a sensação de estar em um país estrangeiro. No entanto, quando um estrangeiro visita outros países sente certa estranheza, uma indiferença do povo ou mesmo uma espécie de tensão.

A maioria dos brasileiros, grandes apreciadores de festas, são alegres, vivendo despreocupadamente. Nos restaurantes, nos finais semana, entre a família e os amigos são muito barulhentos. O jeito brasileiro de curtir é um sonho invejado pelos estrangeiros, que trabalham feito formigas, em uma terra estreita e superpovoada, além de enfrentarem intensa competitividade material e espiritual.

Classes e hierarquias

Classe social e *status* são muito importantes. Renda, educação, influência familiar e inclusive charme pessoal desempenham papel importante na determinação da hierarquia social. Diferenças na linguagem, modo de vestir e comportamento são atribuídas, na maioria das vezes, à classe social. Quando uma pessoa de classe alta se sentir desrespeitada, poderá dizer facilmente a frase: "Você sabe com quem está falando?". Pessoas de classe inferior poderão usar o título de "doutor" quando se dirigirem a alguém mais rico. Este título demonstra a diferença social e o grau de instrução.

Cumprimentos e apresentações

Um caloroso aperto de mãos é o costumeiro cumprimento. Os homens também abraçam os amigos e as mulheres poderão dar um a três "beijos ligeiros" ao ar perto da bochecha. Quanto mais próxima é a relação, mais calorosa será a saudação. Os brasileiros também dão um aperto de mãos ao se despedirem.

Gostam de conversar. Eles poderão iniciar uma conversa em lugares onde um norte-americano não o faria, com um estranho em um ônibus ou na rua. Compartilhar conversas faz parte da relação entre amigos.

Comunicação

Os brasileiros preferem a comunicação indireta. Tratam de poupar os sentimentos dos outros não os colocando em situação constrangedora. Podem se sentir feridos e surpresos pela franqueza direta de um norte-americano.

Normalmente, são extrovertidos e demonstram as suas emoções com expressões faciais, tom, volume de voz e gestos. A conversa é animada e com muito entusiasmo. É comum as pessoas de um grupo falarem ao mesmo tempo. Os brasileiros apreciam o bom humor, se divertem e riem abertamente.

Os brasileiros se aproximam uns dos outros quando conversam ou aguardam em fila. Poderão até mesmo encostar no braço, cotovelo e dar um tapinha no ombro. Muitos desses contatos ocorrem com pessoas do mesmo sexo. As mulheres mais do que os homens e as crianças mais que os adultos.

Refeição e comida

A refeição principal do dia é o almoço, que é servido entre 12:30 e 14 horas. O jantar é entre 19 e 21 horas, às vezes até mais tarde se for em um restaurante.

Muitos restaurantes só abrem às 21 horas e ficam abertos até 2 horas da manhã.

As refeições são importantes em reuniões sociais e com frequência demoram mais.

Família e lar

O escopo da família brasileira é mais amplo e muito unido. A família poderá incluir pais, filhos, avós, tios e primos próximos e distantes. Os filhos geralmente moram com os pais até o casamento. A maioria dos brasileiros têm um senso de lealdade e proximidade com a família. Eles poderão sentir a necessidade automática de ajudar de alguma forma uma pessoa da família.

Favores

Os brasileiros com frequência pedem favores uns aos outros. Eles têm um conceito de "favor" diferente do de outros povos. Por exemplo: emprestar algo ou fazer pequenos pedidos que não requerem muito tempo ou responsabilidade não são considerados favores. É considerado normal no relacionamento entre amigos.

Pela importância que os brasileiros dão aos relacionamentos, eles poderão concordar em fazer um favor, mesmo se este for inconveniente ou impossível. Pedidos ou recusas são feitos indiretamente, para poupar os sentimentos dos outros.

Amizade

Os brasileiros estabelecem relacionamentos com certa facilidade. Muitos diferenciam a amizade em vários níveis: poderão ter um círculo grande de amigos e ao mesmo tempo um círculo pequenos de amigos íntimos, que poderão também ser membros da família. Estes relacionamentos são duradouros, com envolvimento intenso nas vidas de cada um e com obrigações mútuas.

Homem e mulher

Há diferentes papéis para homens e mulheres no Brasil. Ambos trabalham, mas o homem é quem tradicionalmente desempenha o papel predominante.

O homem brasileiro demonstra a sua masculinidade através da sua agressividade e cortesia. Ele geralmente toma a iniciativa nos negócios, na resolução de problemas e ao cortejar uma mulher. Ele poderá abertamente apreciar a beleza e a graça femininas, e oferecerá cortesias como abrir portas e pagar as refeições.

A mulher demonstra a sua feminilidade através da graça, beleza e charme.

Grupo e individualismo

A cultura brasileira enfatiza a importância do relacionamento. O tempo desfrutado entre amigos e família é muito valorizado. Nos negócios e na vida pessoal, a maioria dos brasileiros se preocupa com a repercussão de uma decisão pessoal ou uma mudança em toda a família.

Os brasileiros sentem uma forte necessidade de cuidar da família. Por exemplo: um executivo poderá sentir que é uma obrigação sua ajudar um sobrinho a arrumar emprego na sua empresa. Isso é um choque com outras culturas que pregam a individualidade da pessoa em relação à família e nas quais os privilégios de família são inaceitáveis e tratados como nepotismo.

Em público

Em lugares públicos, como ônibus, cinemas e elevadores, os brasileiros ficam em pé bem próximos uns dos outros e não pedirão desculpas se esbarrarem ou tocarem em outra pessoa. Onde não há filas definidas, as pessoas abrirão o seu caminho passando na frente dos outros até serem atendidas. Mesmo em locais onde os brasileiros se encontram em fila, como bancos e supermercados, eles ficam em pé bem juntos, ao contrário dos norte-americanos. Algumas pessoas furam as filas. Dependendo da situação, alguns brasileiros protestarão em voz alta enquanto as outras pessoas presentes nem tomarão conhecimento.

Privacidade

Os brasileiros raramente ficam sozinhos. Eles normalmente possuem uma família grande, saem em grupos, passam longos períodos com a família e amigos íntimos, e apreciam o contato humano. Em geral, se preocupam mais com os que são próximos, como família, amigos e colegas, do que com a privacidade. A pessoa que mora sozinha é considerada carente de família, e isso é visto com tristeza.

Os europeus e americanos com frequência ficam confusos com o conceito brasileiro de privacidade. Enquanto privacidade pessoal dentro do ambiente familiar ou círculo de amizades não é a prioridade, o lar e temas familiares são considerados privados e separados dos negócios.

Você não deve perguntar a um brasileiro sobre sua vida familiar, estado civil ou temas relacionados, a não ser que eles o mencionem primeiro.

Resolução de problemas

Chama-se a abordagem brasileira para a resolução de um problema de "dar um jeito" ou "dar um jeitinho". Isso significa resolver o problema usando de influências e conexões.

Horários

O conceito brasileiro de tempo é bem diferente. O brasileiro possui uma cultura policromática. Isso significa que pode se concentrar em vários assuntos ao mesmo tempo, ser interrompido e considerar o cumprimento de horários um objetivo a ser atingido, se possível. Há mais ênfase no intercâmbio humano do que em seguir uma programação.

Os brasileiros estão "sempre atrasados" e se acham mais flexíveis e preocupados com o elemento humano.

ASPECTOS CULTURAIS DO BRASIL

É COMUM O USO DO PRIMEIRO NOME LOGO NO PRIMEIRO ENCONTRO – NÃO SE FAZ MUITA QUESTÃO DE USAR O SOBRENOME COM O RESPECTIVO TÍTULO, COMO DOUTOR, ENGENHEIRO ETC.

SÃO COMUNS ABRAÇOS, CONVERSAS AO PÉ DO OUVIDO, BEIJINHOS AO SE CUMPRIMENTAR OU SE DESPEDIR ENTRE MULHERES OU ENTRE HOMENS E MULHERES.

A PONTUALIDADE NÃO É UMA DAS VIRTUDES LOCAIS.

HÁ UMA PAIXÃO NACIONAL PELA VELOCIDADE AO DIRIGIR (O PAÍS JÁ TEVE TRÊS CAMPEÕES MUNDIAIS DE FORMULA 1 E NAS RUAS E RODIVIAS HÁ MUITAS PROMESSAS DE NOVOS CAMPEÕES).

É PRECISO TER JOGO DE CINTURA.

DIFICILMENTE ALGUÉM DIZ "NÃO". EM VEZ DISSO, PROCURA DAR UMA DESCULPA.

ASSUNTOS COMO POLÍTICA, FUTEBOL, FAMÍLIA E FILHOS SÃO BEM-VINDOS EM UMA CONVERSA.

SÃO EXTREMAMENTE CRIATIVOS.

IMPROVISAÇÃO E "JEITINHO" SÃO UMA ESPECIALIDADE.

POSSUEM UM BOM SENSO DE HUMOR.

Agenda do executivo

Moeda: real.

Língua: português.

Funcionamento dos bancos: 10 às 16:00h, no Rio de Janeiro e em São Paulo; e 16:30h, nos demais estados.

Horário comercial: 8h às 18h.

Gorjetas: não existe obrigação, mas ela é esperado em geral em torno de 10% por cento.

Cartões de visita: Os cartões de visita são distribuídos no início das conversações ou ao final do encontro.

Visto: Os cidadãos do Mercosul não necessitam de nenhum tipo de visto para ingressar no Brasil. Basta a exibição do passaporte ou da carteira de identidade.

Carteira de motorista: O estrangeiro em passagem temporária pelo Brasil poderá dirigir portando a carteira de habilitação internacional.

Locais para convenções e reuniões

Hotel Inter-Continental São Paulo

Alameda Santos, 1123
01419-001 – São Paulo – SP
Tel.: 55(011) 288 4804 – Fax: 55 (011) 288 4804

A multiplicidade de culturas propicia a realização de eventos na cidade, que oferece variadas opções de hospedagem, alimentação, transporte e locais para realização de congressos, convenções ou reuniões. Para grandes acontecimentos, o Centro de Convenções do Hotel Inter-Continental, é a melhor escolha para receber grupos de pequeno e médio portes e está a uma quadra da Av. Paulista.

Os espaços são divididos em até 10 salas, 2 delas modulares, que podem atender um banquete para até 350 pessoas.
A equipe de gerentes conta com um staff de 200 funcionários.
Endereço internet: e-mail: saopaulo@intercotin.com
* O hotel Inter-Continental colaborou para este livro.

Ceasar Park Hotel Ipanema
Av. Vieira Souto, 460
22420-000 – Rio de Janeiro – RJ
Tel.: 55 (021) 525 2525 – 55 (021) 525 6000

Brazil

Brazil is the fifth country in the world in size, being slightly larger than the United States, excluding the states of Alaska and Hawaii. Brazil contains many regions in its territory with different groups and social classes.

With a population of around 194 million, Brazil has a rich and diverse heritage. The majority of the population is of European origin, mainly Portuguese. There are also other cultural influences, such as African, German, Italian, Japanese and Amerindians who were already living here, when the Portuguese arrived.

Like other cultures, society is changing. Cultural information, today, represents the country's middle and upper classes.

Who are the Brazilians?

Brazil has a history of mixing races and immigrants; it is a multi-racial country where people come from the most diverse origins. From this mixture was born the "generosity" of the Brazilian people. Compared with other countries, racial discrimination is hardly present in this nation. Due to this attitude, the non-Portuguese who started to arrive in 1908 were also very well received, so they settled peacefully in the new land.

Thanks to the vast territories in Brazil, these immigrant workers had a big important in developing the production of coffee.

It is worth noting the curious impression that a foreigner experiences when he first arrives in Brazil; he does not have the feeling of being in a foreign country. However, when he visits other countries he can feel certain awkwardness, a detachment of the people or even a kind of tension. These are feelings that he does not have in Brazil. As soon as you arrive you feel welcome.

Most Brazilians are very fond of parties, they are cheerful and enjoy carefree living. In restaurants, on the weekend, with groups of family or friends, they can be very noisy.

The Brazilian enjoyment of life is a dream for many foreigners who work like work like a horse and face intense competitiveness, both professionally and socially.

Class and Status

Class and status are very important in Brazil. Income, education, and family influence, and even personal charm, play an important role in determining the social hierarchy. Differences in language, dress and behaviour are attributed, in most cases, to social level. When a person of an upper class feels lack of respect, he or she may say, "Do you know who you are talking to?" People of lower social standing may use the courtesy title "Doctor" when addressing someone of a superior class. This title shows the difference in social and educational level.

Greetings/Presentations

A warm handshake is the customary greeting. Gentlemen also embrace friends and ladies can give one to three kisses in the air near the other person's cheek. The closer the relationship is, the warmer the greeting will be.

A handshake is also given to say good-bye.

Brazilians love to talk, and sharing a conversation is a part of the relationship between friends. They may start to talk in places where an American would not, with a stranger on a bus or in the street.

Communication

Brazilians prefer indirect communication. They try to spare the feelings of others by not placing them in an embarassing situation. Brazilians may feel hurt and shocked by the frankness of an American.

Brazilians are extroverts and show their emotions with facial expressions, tone and volume of voice and gestures. Conversation is lively and enthusiastic.

In a group, people often all speak at the same time. Brazilians appreciate good humor. They have fun and laugh openly. They are a happy people.

Brazilians stand close to each other when talking or waiting in line. They may even touch on the arm and pat on the shoulder when they communicate. Many of these contacts occur between people of the same sex. Ladies touch each other more than men and children more than adults.

Meals/Food

The main meal of the day is lunch, which is served between 12:30 p.m. and 2:00 p.m. The evening meal is between 7:00 p.m. and 9:00 p.m. sometimes even later, if at a restaurant.

Many restaurants stay open after midnight.

Meals are important in social gatherings and often take a long time. For example, on the weekend, you may be invited for drinks at 12:00 p.m. then have an appetiser, talk, main course, talk, dessert, coffee and talk, finishing around 5:00 p.m. or 6:00 p.m.

Family/Household

Blood is thicker than water.

The scope of the Brazilian family is broad and very united. The family may include parents, children, grandparents, uncles, aunts and cousins near and far. Children usually live with their parents until marriage. Most Brazilians have a sense of loyalty and closeness with family and they will feel that they need to help in some way a family member in trouble.

Asking Favors

Brazilians often ask favors of each other. They understand the concept of "favor" differently from other people.

It is normal between friends to help out in small ways. A Brazilian would not consider this to be asking a favor. This is part and parcel of a relationship between friends.

In view of the importance that the Brazilians give to relationships, they may agree to do a favour, even if it is inconvenient or difficult. The Brazilians find it difficult to say a direct "No!", to spare the feelings of others.

Friendship

Brazilians establish relationships with ease. Many Brazilians differentiate friendships on several levels: they will have a large circle of friends and at the same time a small circle of close friends, who may also be members of the family. These relationships are lasting, with intense involvement in the lives of each other and with mutual obligations.

Group / Individualism

The Brazilian culture emphasizes the importance of relationships. Time spent with friends and family is very highly valued. In business and in personal life, most Brazilians are concerned about the repercussions.

Brazilians feel a strong necessity to take care of the family. For example, an executive may feel an obligation to help his nephew to get a job in his company. This may clash with other cultures that preach the individuality of the person in relation to family and where privileges are unacceptable and considered nepotism.

In Public

In In public places, such as buses, cinemas and elevators, Brazilians stand right next to each other and do not apologise if they touch others. Queues are not always respected. Even at places with a queue, such as banks and supermarkets, they stand close together, unlike Americans. Some people jump queues. Depending on the situation, there will be some loud protests, while other people do not worry about it.

Privacy

Brazilians are rarely alone. They usually have a large family, move in groups, spend long periods with family and friends, and enjoy human contact. In general, they are concerned more with close friends, and colleagues than with their privacy. A person who lives alone is considered lacking in family, and this is viewed with sadness.

Europeans and Americans are often confused by the Brazilian concept of privacy. While personal privacy within the family environment or circle of friends is not a priority, home and family matters are considered private and separate from business.

You should not ask Brazilians about their family life, marital status, or related issues, unless they mention this first.

Problem-solving

The Brazilian approach to solving a problem could be called "finding a way out" *(dar um jeito)*. This means solving the problem using influence and connections. They will always find a solution, not just in business but in any context.

Nightlife

Brazilians love a night out. There are many piano bars and discos.

Schedules

The Brazilian concept of time is very different. They have a polychromatic culture. That means they can focus on several issues at the same time, they can be interrupted, and consider meeting time schedules a goal to be achieved, if possible. There is more emphasis on human exchange than on following a schedule.

Brazilians are "always late" and they think they are more flexible and concerned with the human element. They do not expect to apologize for being late, because it is normal for them.

CULTURAL ASPECTS OF BRAZIL

IT IS VERY COMMON TO USE THE FIRST NAME ON THE FIRST CONTACT (IT IS NOT IMPORTANT TO USE THE LAST NAME OR TITLE, SUCH AS DOCTOR, ENGINEER, ETC.).

HUGGING IS COMMON, AS ARE CLOSE CONVERSATIONS, KISSING WHEN GREETING AND PARTING, WHETHER BETWEEN WOMEN, OR BETWEEN MEN AND WOMEN.

PUNCTUALITY IS NOT A LOCAL VIRTUE.

THERE IS A NATIONAL PASSION FOR FAST DRIVING. (THE COUNTRY HAS ALREADY HAD THREE GRAND PRIX FORMULA 1 WORLD CHAMPIONS, AND ON THE STREETS AND HIGHWAYS THERE ARE MANY NEW POTENTIAL CHAMPIONS!)

BRAZILIANS PLACE A LOT OF VALUE ON APPEARANCE. THEY MAKE EFFORTS TO LOOK WELL-GROOMED AND WELL-DRESSED. WHY? BECAUSE THEY MAY JUDGE YOU BY WHAT YOU WEAR, YOUR HAIR, MAKEUP, AND EVEN YOUR NAILS.

RARELY DOES SOMEBODY SAY “NO”. INSTEAD HE/SHE WILL GIVE AN EXCUSE.

SUCH SUBJECTS AS POLITICS, SOCCER, FAMILY AND CHILDREN ARE WELCOME IN A CONVERSATION.

BRAZILIANS ARE EXTREMELY CREATIVE (I THINK THEY ARE SOME OF THE MOST CREATIVE PEOPLE ON EARTH!)

IMPROVISATION AND FINDING A WAY OUT ARE BRAZILIAN SPECIALTIES

BRAZILIANS HAVE A GOOD SENSE OF HUMOR.

Chile

"**E faça saber aos mercadores** e ao povo que se querem vir fazer negócios, que venham, porque esta terra é tão genuína que, para viver e nela perpetuar-se, não há nada de melhor no mundo".

Esta carta, escrita em 1545 por Pedro de Valdivia, conquistador do Chile, ao rei da Espanha Carlos V, despertou um desejo que atravessou os séculos e atualmente o Chile ocupa uma posição estratégica e avançada no mundo. O início desencadeado por Valdivia acabou transformando uma "extensa e estreita faixa de terra" da América do Sul em um laboratório que, através de experiências e visões, vem permitindo grandes trocas, principalmente por causa da flexibilidade, diversificação, produtividade, capacidade, qualidade, do valor agregado e de uma constante preocupação com o meio ambiente. Se não fosse pela posição geográfica, poder-se-ia dizer que Santiago do Chile é o que existe de mais próximo – em uma versão moderna – da mítica Shangri-Lá: a um passo da neve e do oceano então o vale, a cordilheira, muitos bosques, estações bem definidas, um *savoir-vivre* comparável ao de outras grandes metrópoles, a criminalidade mantida sob controle, uma economia estável e baixo nível de desemprego.

Cumprimentos e apresentações

O costumeiro aperto de mãos deverá ser o cumprimento. Mas, também no mundo dos executivos, homens e mulheres, ao se tornarem mais íntimos, podem se beijar no rosto, normalmente do lado direito. Os homens devem observar, porém, que quando uma mulher entra na sala, o gesto delicado é levantar-se e estar preparado para apertar sua mão, se ela oferecer. Entretanto, a mulher sentada não precisa se levantar ou se sentir obrigada a oferecer a mão quando um homem entra na sala.

Em um contato de negócios, por exemplo, a apresentação poderá ser feita por um executivo mais graduado, que se encarregará de fazer as apresentações aos demais.

Comportamento

Sinta-se em casa, mas com classe.

Regras básicas que podem e devem ser seguidas no mundo inteiro não são assunto desconhecido da maioria dos executivos. Em país vizinho, de cultura muito semelhante a que se vivencia no Brasil, não é complicado manter um comportamento adequado. Mesmo assim, entre os preparativos de uma viagem de negócios, é importante não deixar de obter algumas informações regionais do lugar visitado. No caso específico do Chile, as normas de etiqueta privilegiam os aspectos familiares. Talvez seja essa a razão de o povo chileno ser considerado bastante conservador.

O empresário chileno exibe perfil dos mais singulares. Personagem austero, de rigor europeu, não hesita em se autoproclamar conservador.

Pontalidade

A pontualidade é respeitada.

Comunicação

Durante a conversação existe uma forte tendência latina que faz com que as pessoas fiquem mais próximas uma das outras. Por isso, boa postura, principalmente ao se sentar, é muito importante. E fique atento porque, apesar da informalidade, esparramar-se ou inclinar-se nas cadeiras e poltronas pode ser interpretado como uma atitude de descaso.

Como fazer negócios

Os chilenos não costumam perguntar qual a qualificação profissional ou atividade dos presentes. Normalmente, deixam o visitante à vontade para as explanações necessárias. Essa liberdade pode fazer com que qualquer precipitação, sem os conhecimentos devidos, seja um convite ao insucesso.

À mesa

A cozinha chilena é uma mistura de sabores em que os produtos da terra e do mar foram ganhando os sotaques de uma Espanha invasora, até transformar-se em pratos da via própria.

Ceviche, picoroco e *loco* são algumas das sugestões da cozinha chilena que vêm do mar.

À mesa, raramente come-se com os dedos.

Se você servir o vinho, nunca o faça com a mão esquerda.

Os vinhos chilenos são apreciados; se e quando forem feitos brindes, basta levantar o copo, olhar brevemente para o anfitrião e as outras pessoas presentes e dizer “salud”.

Trajes

Mulheres executivas, em geral, usam saias que podem variar de um palmo acima do joelho até o tornozelo, como também o tradicional traje "Chanel". Jaquetas ou camisas de seda também são consideradas trajes elegantes.

Para os homens, o terno é indispensável. Cores sóbrias como marrom, azul-marinho, cinza e preto são bastante comuns.

Educação

No Chile, aproximadamente 38% dos alunos dos ensinos básico e médio estudam em escolas particulares subvencionadas pelo Estado.

Com seus exames internacionais de aprendizagem na educação básica, currículo organizado e boa infraestrutura escolar, o sistema educacional chileno é considerado o melhor da América Latina.

Religião

Apesar da liberdade de culto, a religião católica romana compreende a maioria.

Agenda do executivo

Moeda: peso chileno.

Língua: espanhol.

Funcionamento dos bancos: das 9 às 14 horas.

Horário comercial: das 8 às 18 horas.

Gorjetas: não existe uma regra rígida, mas normalmente em restaurantes, bares e *pubs* costuma-se calcular 10% sobre o total.

Cartões de visita: Não se esqueça, portanto, dos cartões de visita com nome, cargo e empresa em que trabalha. O cartão, como é também hábito entre executivos brasileiros, poderá ser entregue durante as apresentações.

Visto: brasileiros estão isentos de visto a turismo/negócios para permanência até noventa dias, podendo ser prorrogado pelo mesmo período.

Carteira de motorista: você pode dirigir no Chile com a CNH brasileira.

Locais para convenções e reuniões

Casapiedra é o maior centro de convenções do Chile
<www.casapiedra.cl>

Grand Hyatt Santiago
<http://santiago.grand.hyatt.com>

México

Sua identidade foi formada por culturas altamente desenvolvidas como a teotihuacana, a olmeca, a tolteca, a zapoteca, a mexicana e a maia.

A indústria turística contribui de maneira importante ao desenvolvimento social e econômico do país. Iniciou-se um Programa Integral de Comunicação para América Latina, cuja finalidade é a de promover viagens de negócios ao México.

A infraestrutura turística se encontra altamente desenvolvida, sob a direção da Secretaria do Turismo. No que se refere à afluência anual de visitantes, o México está entre os dez destinos mais visitados no mundo.

Tal êxito tem crescido consideravelmente a cada ano, com mais agentes de viagens descobrindo as vantagens desse paraíso, desenvolvendo diversas atividades em cidades que se destacam e que têm um lugar no centro dos negócios. Modernos centros comerciais, similares aos dos Estados Unidos, se encontram em todas as partes.

Faz alguns anos que os líderes turísticos e as autoridades governamentais viram a necessidade de fomentar o turismo em grande escala e tiveram a ideia de levar a cabo um enorme programa de embelezamento da cidade do México. Todos esses melhoramentos deram como resultado o renascimento de um paraíso tropical, injetando-lhe nova vida à sua imagem e brilhando uma vez mais como o destino turístico mais famoso do país.

Cumprimentos e apresentações

O aperto de mãos suave é o cumprimento entre homens e mulheres no México. Os homens devem aguardar que a mulher lhes estenda a mão. Após alguns encontros, os homens mexicanos podem começar a abraçar-se e dar alguns tapinhas nas costas. São muito amigos do toque. Por isso podem prolongar o aperto de mãos, tocar no antebraço. Isso significa um sinal de grande amizade.

Comportamento

Em público, os homens não devem ficar em pé com a mão nos bolsos. Se um homem ficar em pé com as mãos na cintura, isso é sinal de hostilidade ou provocação. Mostra-se deferência aos mais velhos; portanto, dê-lhes a passagem em lugares públicos e não se oponha se forem atendidos primeiro.

Pontualidade

Não estranhe se, marcada uma determinada hora para uma reunião, o seu interlocutor aparecer com muita antecipação.

Comunicação

Os mexicanos são muito expressivos e mais abertos do que os norte-americanos.

Como fazer negócios

Os executivos mexicanos são em geral muito bem preparados. Nas reuniões de negócios deve-se mostrar muito paciente, evitando demonstrar raiva se encontrar atrasos ou interrupções. Há muita formalidade nos contatos.

É comum reunião de negócios no café da manhã (verdadeiros almoços!).

À mesa

Ao comer, as duas mãos devem ficar em cima da mesa e não no colo.

A tradição gastronômica do México coloca o país entre as cozinhas mais sofisticadas do mundo. É, sem dúvida, uma deliciosa experiência.

A bebida nacional do México é a tequila. Para bebê-la adequadamente, faça o seguinte: coloque uma pitada de sal na depressão da sua mão esquerda; em seguida, lamba o sal e beba rapidamente a tequila.

Trajes

Recomenda-se usar roupas de cores mais discretas e sem maiores exageros.

Vida noturna

A interminável agitação noturna é legendária. Existem poucos lugares no mundo que possam competir com a sofisticação e suntuosidade das discotecas mexicanas.

Educação

A família tem um significado muito importante para o mexicano.

Agenda do executivo

Moeda: peso mexicano.

Língua: espanhol.

Funcionamento dos bancos: das 8:30 às 16 horas. Aos sábados somente no período da manhã.

Horário comercial: das 9 às 13 horas e das 15 às 19 horas.

Gorjetas: em torno de 10% a 15% do total da conta.

Cartões de visita: o cartão de visita é uma ferramenta indispensável e respeitada.

Visto: os brasileiros podem obter uma autorização eletrônica para entrar no México como turistas, transmigrantes ou pessoas de negócios. Para mais informações: <http://www.inm.gob.mx>.

Carteira de motorista: é recomendável ter a PID, emitida pelo Departamento Nacional de Trânsito (Denatran).

Locais para convenções e reuniões

Centro Bancomer
<http://www.expobancomer.com.mx/>

Paraguai

A maioria dos habitantes é de origem ibérico-indígena, enquanto a população nativa representa apenas 1,5% da população do país. Após o advento do Mercosul, o Paraguai vem passando por grandes mudanças culturais.

As principais cidades para negócios são a capital Assunção, Ciudad del Este, Encarnación, Concepción, San Pedro, San Juan Bautista, Fuerte Olimpo, Villarrica.

O país vem criando uma nova mentalidade no sentido de administrar e encaminhar os destinos da nação rumo às novas condições de desenvolvimento, procurando sempre restabelecer a confiança e as expectativas favoráveis para promover uma economia de mercado moderna com as regras do jogo claramente estabelecidas.

O Paraguai sempre foi um ativo exportador de produtos primários, entre os quais: soja, café, erva-mate, algodão, tabaco, carne, madeira e outros produtos agropecuários e florestais. As exportações planejadas nas últimas décadas têm dado ênfase a dois produtos principais: a soja e o algodão, produtos que chegam a predominar entre outros produtos de exportação.

É prioridade do governo favorecer à iniciativa privada dentro do marco da livre competição, maior abertura externa e a eliminação das barreiras que impedem o desenvolvimento das forças produtivas. Por outro, o Paraguai conta com uma satisfatória infraestrutura de telecomunicações e diversas vias de transportes terrestres, aéreos e fluviais para a saída de seus produtos para o mercado internacional.

Cumprimentos e apresentações

Um aperto de mãos caloroso e amigável é costume no Paraguai.

Comportamento

A postura ereta é importante ao sentar-se. Ao andar ao lado de uma mulher, os homens bem-educados colocam a mão protetora sob o cotovelo dela, que deve dobrar o braço.

Pontualidade

O paraguaio, por sua própria natureza, possui uma enorme flexibilidade com relação à pontualidade. Atrasos nos compromissos não são malvistos.

Comunicação

Normalmente, quando conversam, os paraguaios ficam muito próximos. São muito afetuosos e apreciam o contato físico, como tapinhas nas costas, segurar o braço enquanto se comunicam.

Como fazer negócios

O executivo paraguaio sempre tenta apresentar da melhor forma a sua proposta, mas em geral não é persuasivo. O executivo brasileiro que for negociar com o empresário paraguaio deve se comportar de uma forma muito educada, jamais insinuar qualquer tipo de inferioridade. O povo brasileiro é visto com simpatia pelos paraguaios.

Os negócios levam muito tempo para serem resolvidos.

Os paraguaios sabem fazer negócios e falam com o mundo um mesmo idioma, vantagem que vem da prática. Mas cuidado, afoito empresário recém-chegado a terras guaranis, para contatar os locais. A desconfiança é a palavra-chave. Não se sabe por quê. O importante, porém, é que existe uma pequena desconfiança em relação ao estrangeiro.

À mesa

A carne vermelha é fundamental em qualquer prato. Prepare-se para experimentar a *canha*, conhecida como "caninha", bebida alcoólica popular nesse país.

A *siesta* (descanso) à tarde é uma tradição.

Trajes

Em ambientes de trabalho, é comum a utilização de terno e gravata para os homens, e saia ou conjunto de duas peças para as mulheres. Fora desses locais, o vestuário é menos clássico, permitindo roupas confortáveis e informais. Como em todas as grandes cidades, há pessoas para quem a moda é muito importante.

Educação

Os filhos são muito dependentes dos pais. Existe uma forte ligação familiar.

O conceito de amizade é muito arraigado, e constitui um pilar nas relações e na estrutura social do país. Amigos são considerados uma extensão da família.

Religião

Católica romana.

Agenda do executivo

Moeda: guarani.

Língua: espanhol.

Funcionamento dos bancos:
das 8:30 às 13:30.

Horário comercial: das 8 às 12 horas e das 15 às 19 horas.

Gorjetas: nos restaurantes, hotéis e casas de espetáculos, espera-se 10% de valor do serviço.

Cartões de visita: leve um bom estoque de cartões de visita.

Visto: para entrar no país, apresente sua carteira de identidade.

Carteira de motorista: aceita-se a CNH brasileira.

Locais para convenções e reuniões

Union Industrial Paraguaya (UIP)
<http://www.uip.org.py>

Federación de la Producción, la Industria y el Comercio (Febrinco)
<http://www.indembarg.org.ar>

Uruguai

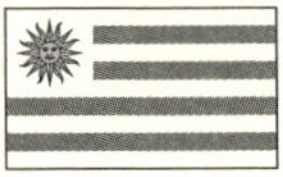

Atualmente, mudou o cenário, mas o pano de fundo é o mesmo: "modelar uma economia moderna". Nesse sentido, Montevidéu desempenha um papel essencial. Como rota de congressos e viagens de lazer, sua reputação se afirma a cada dia. Os serviços de comunicação encontram-se em plena expansão. A cidade se renova ocupando o lugar essencial na paisagem.

"Nós somos uma cidade do futuro orientada no rumo das transformações e do progresso material, mas sem perder o sentido da solidariedade e do bem-estar" –, dizia o ex-prefeito de Montevidéu, o arquiteto Mariano Arana.

Cumprimentos e apresentações

No Uruguai, como em todos os países latinos, os cumprimentos são calorosos entre as pessoas. Entre amigos do sexo masculino, é comum o abraço. As mulheres fazem o mesmo simulando um beijo no rosto.

Comportamento

A proximidade física também é comum no Uruguai, tanto em situações sociais quanto de negócios. Todo latino tem como parte importante do seu temperamento exaltar aquilo que o impressiona, às vezes com um pouco de exagero próprio da sua natureza.

Pode-se notar que após alguns encontros as pessoas passam a ser tratadas como se fossem muito conhecidas ou quase como amigas, dependendo das condições do ambiente.

O uruguaio é um povo alegre, hospitaleiro, apaixonado por futebol e tango. Não se esquece da vitória na Copa do Mundo sobre o Brasil e costuma dizer que os melhores tangos argentinos são feitos em Montevidéu, em uma alusão à exportação de letras. Gosta de fazer amigos e recebe os brasileiros como irmãos.

Pontualidade

Há mais pontualidade nos negócios do que em encontros sociais.

Comunicação

Os uruguaios costumam ficar fisicamente próximos tanto em situações sociais quanto de negócios.

Como fazer negócios

Os negociadores uruguaios são normalmente impacientes, querendo resultados imediatos. Isso não significa que negociem agressivamente, e sim, que são persistentes até certo ponto. O modo de negociação correto aponta o caminho do convencimento através da qualidade do produto ou dos serviços, preços e a permanente assessoria ao cliente.

À mesa

A cozinha, apesar de bastante diversificada, guarda certa similaridade com a do Brasil em seus pratos principais. A maior parte dos habitantes aprecia o churrasco feito com a excelente carne disponível na Argentina e no Uruguai, e os pratos à base de frutos do mar, abundantes no Brasil e Chile, formam a base principal.

À mesa, o estilo continental é adotado no Uruguai.

Não mantenha as mãos no colo enquanto come. Repouse os pulsos levemente na mesa, mas nunca os cotovelos.

Trajes

Para os homens, ternos sóbrios ou esporte fino (sempre com gravata). As mulheres devem usar saias (evitar roupas ostensivas).

Educação

A família tem um significado muito importante.

Religião

O uruguaio é essencialmente católico.

Agenda do executivo

Moeda: peso uruguaio.

Língua: espanhol.

Funcionamento dos bancos: das 13 às 17 horas.

Horário comercial: das 9 às 19 horas.

Gorjetas: em torno de 10%.

Cartões de visita: dependendo das circunstâncias, os cartões de visita são distribuídos, na maioria das vezes, no inicio das conversações, outras, por falta de oportunidade, ao final do encontro.

Visto: os cidadãos do Mercosul não necessitam de nenhum tipo de visto para ingressar no Uruguai. Basta a apresentação do passaporte ou da carteira de identidade.

Carteira de motorista: aceita-se a CNH brasileira.

Locais para convenções e reuniões

Federación de la Producción, la Industria y el Comercio – (Febrinco)
<http://www.indembarg.org.ar>

Sheraton – Uruguay
<http://www.starwoodhotels.com/>

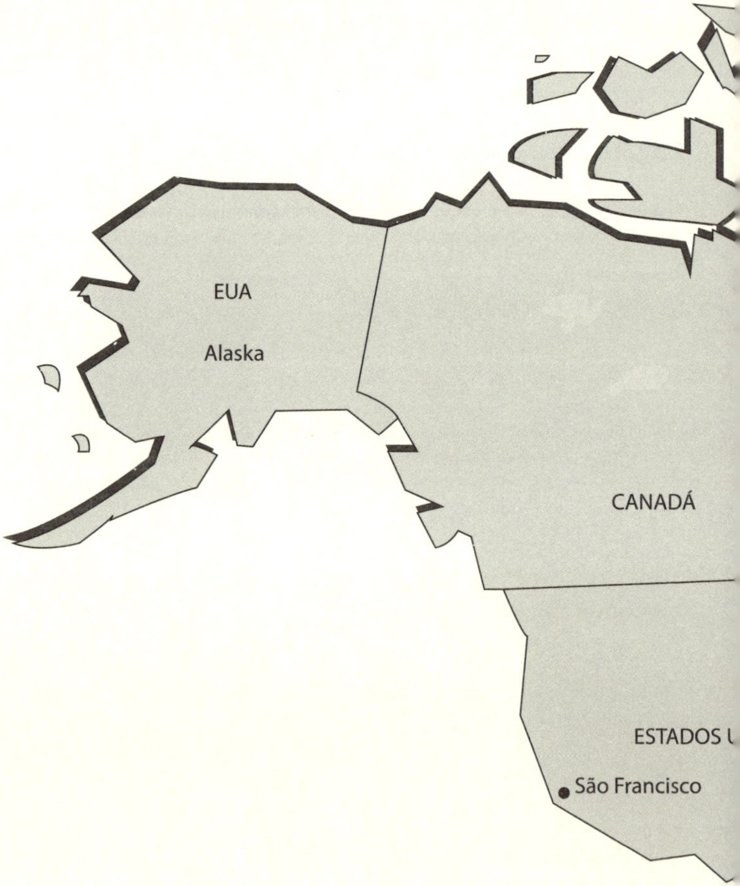
EUA
Alaska
CANADÁ
ESTADOS U
São Francisco

AMÉRICA DO NORTE

Canadá

Estados Unidos

Canadá

Negócios com estilo

Toronto, a principal e mais importante cidade canadense do ponto de vista econômico, revela um universo de oportunidades de bons negócios. "Dinheiro não se ganha, dinheiro se faz através de muito trabalho e bons negócios" – esta máxima tipicamente americana já se incorporou há muito ao dia a dia da economia canadense. Por conta disso, ela continua a atingir números surpreendentes até mesmo para aqueles que já estão acostumados ao sobe e desce do mercado internacional.

Mas nada é mais representativo da importância do papel de Toronto na economia canadense do que o mercado financeiro da cidade, bem organizado e multimilionário. Para se ter uma ideia do tamanho deste cobiçado negócio, vale destacar que dezesseis dos vinte maiores bancos estrangeiros com negócios no Canadá estão baseados na Grande Toronto, ou seja, há mais instituições financeiras internacionais do que em cidades importantes dos Estados Unidos – berço dos grandes negócios como Atlanta, Boston, Chicago ou

Washington. E mais: o setor financeiro figura como o principal polo gerador de empregos, só superado na América do Norte por Nova York e São Francisco.

O Brasil busca uma fatia desse fabuloso mercado. Pelos números historicamente envolvidos, não seria exagero classificar o futuro das transações comerciais entre Brasil e Canadá como um verdadeiro "mar de oportunidades", um campo aberto para todas as empresas capazes de colocar lado a lado competitividade de preços e qualidade de produtos, combinação que fará, cada vez mais, a diferença na economia globalizada.

Apesar de a língua inglesa ser dominante em Toronto, a cultura francesa é extremamente forte no resto da província de Ontário. Os canadenses de língua francesa são, de maneira geral, mais reservados do que seus vizinhos norte-americanos, além de darem maior ênfase aos aspectos relacionados à etiqueta.

Já que a cultura francesa é tão forte na província de Quebec, podem ser observadas certas atitudes associadas à Europa. Um aperto de mãos firme ainda é a maneira mais comum e preferida de cumprimento (tanto quando se chega como quando se parte e em todas as situações sociais).

Os hábitos culturais do cidadão de Toronto exigem que os horários sejam previamente determinados e seguidos à risca. Não tenha dúvida quanto à importância da pontualidade nos encontros de negócios.

Agenda do executivo

Moeda: dólar canadense.

Línguas: inglês e francês (na região de Quebec).

Funcionamento dos bancos: das 9 às 17 horas e aos sábados das 9 às 12 horas.

Horário comercial:
das 8 às 17 horas.

Gorjetas: é quase uma obrigação que pode variar entre 10% a 25% do valor da conta.

Cartões de visita: carregue uma boa quantidade de cartões. Eles são entregues na apresentação.

Visto: os brasileiros necessitam de visto.

Carteira de motorista: os brasileiros (não residentes) podem dirigir apresentando a CNH brasileira com o passaporte.

Locais para convenções e reuniões

Exhibition Place
<http://www.explace.on.ca>

InterContinental Toronto Centre
<www.torontocentre.intercontinental.com>

Estados Unidos

Visão geral da cultura dos Estados Unidos

Os Estados Unidos são o quarto maior país do mundo em extensão, com aproximadamente 351,1 milhões de habitantes em regiões diversas com etnias e níveis socioeconômicos bem diferentes.

Povos de diversas partes do mundo emigram para os Estados Unidos. A maioria é de origem europeia, como ingleses, franceses, alemães, poloneses, russos e escandinavos. Outros grupos de proporções consideráveis são os africanos, hispânicos, asiáticos e caribenhos. Os nativos americanos, habitantes indígenas dos Estados Unidos, representam atualmente apenas 1% da população do país.

A informação cultural que se segue reflete primordialmente a da classe média do norte-americano branco, que representa o maior grupo étnico e social do país. Deve ser levado em consideração que a cultura dos Estados Unidos está sofrendo mudanças.

O termo "americano" é usado para nos referirmos aos habitantes dos Estados Unidos, não se referindo aos outros países que fazem parte do continente americano.

Estilo e comunicação

Os norte-americanos aprenderam que a comunicação direta é a melhor. Eles gostam de clareza e de chegar ao ponto imediatamente. Dependem da comunicação verbal em vez da comunicação indireta, pois acreditam que é importante "falar" e se dizer o que está pensando.

A grande maioria desconfia da ambiguidade e da comunicação indireta, pois acreditam que é uma forma de esconder a verdade. O seu modo de comunicação pode parecer rude aos brasileiros que, por sua vez, preferem a aproximação indireta.

Os norte-americanos, em geral, são menos animados do que os brasileiros. Eles normalmente falam em tom moderado e um de cada vez, raramente cantam em público com exceção de eventos esportivos ou políticos. Às vezes, podem saudar em voz alta a um amigo que se encontra do outro lado da rua. Normalmente, consideram grupos culturais menos animados, como os japoneses, tímidos ou envergonhados: e grupos mais expansivos, como os brasileiros, rudes e agressivos.

Os americanos ficam mais afastados que os brasileiros, evitam o contato físico e somente encostam em pessoas com quem estão envolvidos romanticamente. Em contraposição, os brasileiros consideram a proximidade física uma forma de expressar consideração e amizade.

Os americanos aprendem desde cedo que devem olhar nos olhos do seu interlocutor quando apertam a mão e que devem fazê-lo firmemente. Há alguns gestos que usam com frequência: polegar para cima significa "bom trabalho" ou "boa sorte". Um círculo feito com o dedo polegar e o indicador significa OK – gesto que é obsceno aos brasileiros – é sinal de aprovação para os americanos. Outro gesto que os americanos usam para enfatizar algo que estão dizendo é dar um tapinha com a mão aberta no punho fechado.

Conversas e saudações

Os norte-americanos costumam ser amáveis, extrovertidos e informais até com estranhos. Eles dizem "please" e "sorry" com frequência. As apresentações são informais e normalmente incluem um sorriso. Muitos apertam as mãos quando são apresentados a alguém, e também a quem não veem com frequência.

Normalmente, se consideram abertos e sinceros. Porém, há muitos assuntos que são tabus, como idade, peso, sexo, deficiências físicas, salário e em alguns casos religião e política. Os norte-americanos ficam chocados quando os brasileiros fazem comentários sobre características físicas de uma pessoa, como por exemplo, "Como você engordou!".

Com frequência fazem perguntas sobre trabalho, vida pessoal e familiar como, "O que você faz?", "Você é casado?" ou "Quantos filhos você tem?". Essas frases são comuns para iniciar uma conversação. Os norte-americanos consideram que falar sobre os sentimentos e dar opiniões sobre temas controversos é assunto privado, e eles hesitarão em revelar o que pensam.

Eficiência

Em geral, são motivados pela oportunidade ou eficiência. Eles normalmente começam uma transação comercial com palavras de boas-vindas e em seguida entrando direto no assunto, o que não deve ser considerado indelicadeza. Eles sentem que estão realizando um excelente trabalho quando resolvem os negócios rapidamente.

Em geral, os serviços públicos e privados nos Estados Unidos são eficientes e fáceis de usar.

Expressando as emoções

O homem norte-americano não expressa suas emoções tão abertamente quanto a mulher, ou como os brasileiros. Pais brancos e de classe média encorajam as moças a demonstrarem suas emoções abertamente, com exceção da raiva, que é considerada desagradável para uma moça. Os homens devem ser "durões" e "fortes" e não devem chorar ou se emocionar, o que demonstra fraqueza.

Expressar emoções no local de trabalho é tabu, assim como acreditar que as emoções prejudicam o ato de julgar. Uma das características atribuídas às mulheres no ambiente de trabalho é que elas são muito emotivas.

A sociedade norte-americana está em fase de transição. Os homens estão começando a demonstrar ternura, felicidade e tristeza, apesar de ainda serem poucos os que demonstram essas emoções.

Família e lar

A família norte-americana é menor que a brasileira, incluindo apenas os pais e os filhos. Os laços familiares são importantes, apesar de as pessoas não terem uma convivência tão próxima. Os pais encorajam os filhos a serem independentes. Moças e rapazes com dezoito ou vinte anos devem morar sozinhos. É comum os filhos mudarem para longe da família com o objetivo de estudar e seguir uma carreira. Os pais e avós, por sua vez, quando envelhecem procuram manter-se independentes dos filhos sempre que possível.

Favores

A maioria dos norte-americanos prefere fazer as coisas por si mesmos. Eles evitam pedir favores e tentam retribuí-los o mais rápido possível, para não se sentirem devedores, o que contraria o seu sentido natural de autoconfiança.

O norte-americano está preparado para uma resposta negativa, ao fazer um pedido inconveniente, interferir no trabalho ou nos planos feitos anteriormente pelos outros (dirão com frequência: "Eu gostaria, mas tenho um compromisso"). Esse gesto não deve ser considerado rude e direto. Eles consideram que é melhor recusar um favor do que concordar em fazer algo difícil de concretizar.

Amizade

O conceito de amizade pode ser confuso para os brasileiros. Amizades se iniciam com facilidade, são bem informais e não há obrigações mútuas. Algumas são curtas em duração, porém podem ser profundas e duradouras, mas não com a mesma intensidade e o envolvimento que caracterizam o relacionamento do brasileiro.

Hierarquia e igualitarismo

Os norte-americanos valorizam a justiça, o que significa tratar as pessoas com imparcialidade e sem favoritismo. Eles não apreciam os sistemas de classes que determinam as hierarquias de acordo com as conexões, influências familiares e posição social; o que conta é a realização pessoal.

Procuram aceitar as diferenças sociais de forma bem sutil, porém não gostam das pessoas que demonstram superioridade ou condescendência. Mesmo as pessoas influentes procuram parecer receptivas. As diferenças nas classes sociais são disfarçadas ou diminuídas para que ninguém se sinta constrangido.

Individualismo

Os norte-americanos têm orgulho de serem independentes e individualistas. Na escolha de escolas, carreiras profissionais, casamentos e estilo de vida, querem ser "eles mesmos" e tomar as próprias decisões. Esperam ser reconhecidos por sua realização pessoal e a obrigação principal é para consigo mesmo, e não com a família ou o empregador.

Ao mesmo tempo, precisam agradar e serem aceitos. Eles sacrificarão um pouco do seu individualismo para serem aceitos pela família, amigos ou colegas. Normalmente, se associam a organizações cívicas, clubes ou times, e esse envolvimento é, na maioria das vezes, voluntário e temporário. O norte-americano se sente à vontade para se afastar quando um grupo, empresa ou região não mais o satisfazem.

Privacidade

A maioria dos norte-americanos valoriza a privacidade e a oportunidade de estar a sós, e mesmo no ambiente familiar a privacidade é resguardada. O indivíduo se preocupa em não incomodar os outros. Os amigos telefonam antes de fazer uma visita e demonstram respeito à propriedade particular e raramente pedem ou emprestam coisas.

No entanto, não consideram que assuntos de família ou do lar sejam privados. Eles falam abertamente sobre o casamento e a família.

Resolução de problemas

A abordagem para a resolução de problemas é impessoal. Os norte-americanos acreditam que regras e procedimentos devem ser aplicados a todos igualmente. Por esse motivo, não se sentem à vontade com pessoas que tentam negociar concessões especiais ou pedem para ignorar as regras como um favor pessoal. Eles evitam o "favoritismo".

Acreditam que podem e devem mudar as coisas para melhorar de vida. Se o problema foi identificado, eles se sentem compelidos a agir para consertar o que está errado, aplicando soluções simples e práticas.

Em público

Não se surpreenda se os norte-americanos ficam perturbados ou zangados se você esbarrar ou pisar neles. Enquanto conversam, eles gostam de manter uma distância de pelo menos uma braçada. Têm aversão ao contato físico com estranhos. As pessoas mantêm os corpos separados mesmo em lugares lotados de gente, como elevadores ou ônibus.

Quando o contato físico é inevitável, os americanos tentarão encolher os ombros e braços para ocupar o menor espaço possível. Eles toleram ser tocados nos braços e mãos, mas qualquer outra parte do corpo os deixa tensos. Em lugares onde há muita gente, os norte-americanos com frequência falam em tom baixo ou param de falar, e evitam olhar nos olhos. Eles evitam entrar em um elevador ou ônibus lotado.

Abrir o caminho entre a multidão é considerado extremamente rude. Para fazê-lo, deve-se pedir desculpas. Quando um grupo de pessoas está esperando por algum tipo de serviço ou prestes a entrar em um *show*, eles se alinham em fila e esperam a sua vez. Isso evita o empurra-empurra e reafirma a teoria de que todos devem ser tratados com igualdade. Pessoas que tentam furar filas são tratadas com hostilidade.

Horários

Os norte-americanos dão uma enorme importância ao horário. Eles fazem parte de uma cultura monocromática na qual horários são determinados e seguidos à risca, ou seja, são sagrados e encarados com seriedade. Interrupções geralmente não são bem vistas e as pessoas desejam se concentrar em uma coisa de cada vez.

Pode-se marcar cinco ou seis reuniões por dia, uma após a outra. Há um consenso para iniciar e terminar a reunião na hora predeterminada. Se houver atraso, os norte-americanos se apressarão, mesmo se o que está sendo discutido não foi concluído. Para eles, prontidão significa cortesia e sucesso. Atrasos são vistos como sinal de desorganização ou falta de interesse para os outros.

Se tiver uma reserva para jantar, espera-se que a pessoa chegue com pelo menos quinze minutos de antecedência ou sua reserva será cancelada. Os norte-americanos estão acostumados a esse procedimento e geralmente avisam o restaurante se vão atrasar mais de quinze ou vinte minutos.

Trabalho, ação e realização

A cultura dos Estados Unidos é orientada para a ação. As pessoas acreditam que têm de estar fazendo algo o tempo todo. Por exemplo, sentar para conversar com amigos por horas tem menos atrativo do que ir a algum lugar ou realizar alguma atividade.

Para muitos, o trabalho é predominante na vida diária. As pessoas têm a tendência de determinar metas, serem competitivas, trabalharem duro e se preocuparem com a realização pessoal. Os americanos se autoavaliam pelo trabalho que desempenham ou pela realização pessoal. Admiram pessoas que superam obstáculos como a pobreza, problemas de saúde, ou falta de instrução para se tornar pessoas de sucesso. Isso contrasta com outras culturas, nas quais a herança familiar, o grau de instrução ou a realização intelectual são admirados.

"Ele é trabalhador" é um elogio ao norte-americano. Muitos trabalharam noites, finais de semana ou feriados para completar algo dentro do prazo. Os executivos mais bem remunerados são os que tomam decisões e fazem com que a empresa obtenha resultados positivos.

Esse aspecto da cultura norte-americana está mudando. Nos últimos dez anos, milhares de pessoas perderam seus empregos devidos a mudanças na indústria e ao corte de despesas nas empresas. Como resultado, a convicção geral do "sonho americano" (que através de trabalho duro e da perseverança, cada cidadão poderá atingir um nível de vida melhor com segurança financeira e uma boa casa) ficou abalada. Muitos estão procurando outros meios de canalizar as energias para atingir suas metas e sonhos.

Trajes

Nos ambientes de trabalho, é comum terno e gravata para homens e vestido, saias ou conjuntos de duas peças para mulheres. Fora desses locais, as pessoas se vestem bem à vontade.

Pessoas de todos os níveis sociais podem ser vistas usando jeans velhos, camisetas, sandálias ou bermudas. O conforto é primordial, porém, para alguns, a moda é importante. O desejo de usar roupa confortável também aparece nos escritórios, onde é frequente o "dia informal" – quando os funcionários são liberados para o uso de roupa esporte. Isso tem contribuído para o aumento da produtividade e do moral dos funcionários.

À mesa

O horário preferido para as refeições nos Estados Unidos é entre as 12 e 13 horas para almoço e entre as 18 horas e 19:30 para o jantar. Durante esses horários os restaurantes estão mais cheios. Os restaurantes normalmente fecham entre as 22 e 23 horas.

Não se surpreenda ao ver um norte-americano comendo enquanto caminha ou dirige um automóvel. Lanchonetes são muitos populares, a maioria delas é *drive-through*.

É aceitável nos Estados Unidos comer sanduíches, pizzas e frutas com as mãos.

Diferenças existem

Os americanos são formais e informais em situações diferentes. Por exemplo, nas relações de trabalho costumam ser informais – provavelmente na segunda reunião já o tratarão pelo primeiro nome. Por outro lado, não querem nem se preocupar em conhecer o vizinho do lado no prédio onde vivem.

Não nos esqueçamos do espírito competitivo dos norte-americanos. Ao contrário dos europeus – que são diplomáticos –, os americanos são mais francos na comunicação. No decorrer de uma negociação, põem logo as cartas na mesa. Além disso, reconhecem os seus pontos fracos. Quando cometem um erro, admitem imediatamente e tentam resolvê-lo o mais rápido possível.

Os norte-americanos privilegiam objetivos, enquanto os europeus privilegiam os processos. Isso significa que o norte-americano tem um objetivo e defende os seus pontos de vista até o fim, de forma a alcançar os resultados que pretende. Mas se alguém lhe provar, através de uma boa argumentação, que aquele objetivo deve ser um pouco diferente, não terá problemas em aceitar a opinião contrária.

Uma partida de golfe é o momento ideal para fazer negócios. Aliás, golfe sem negócios não é golfe. Com exceção do golfe, não é comum se perder tempo em um grande almoço para concretizar um negócio. Isso não significa que não o façam. Apenas não o fazem com tanta intencionalidade.

Reuniões

As reuniões sempre têm uma pauta, que é seguida item por item. Os norte-americanos são muito rigorosos com a agenda; não há nada pior do que ir para uma reunião que não esteja planejada.

Vida noturna

O executivo que viaja aos Estados Unidos não terá problemas para fechar bons negócios, pelo menos no que depender da noite. As cidades dispõem de uma ampla variedade de opções, alternativas que se adaptam a qualquer tipo de objetivo, atendendo desde a conveniência do local até a necessidade de um grande encontro, com modernos bares e boates.

ASPECTOS CULTURAIS DOS ESTADOS UNIDOS

CLAREZA

TRANSPARÊNCIA

PREVISIBILIDADE

PROCESSOS ESTRUTURADOS

FLEXIBILIDADE

FOCO EM TAREFAS

PRIORIZAÇÃO DE OBJETIVOS

RAPIDEZ NAS DECISÕES

RESULTADOS EM CURTO PRAZO

MOTIVAÇÃO E MOBILIDADE

AUTOMATIZAÇÃO

EXCESSO DE ESTRUTURAÇÃO

EXCESSO DE CONTROLE

PROFUSÃO DE SISTEMAS E PROCEDIMENTOS

OS SISTEMAS CRIAM SEU PRÓPRIO RITMO

OS MEIOS SE TORNAM OS FINS

O PLANEJAMENTO É SAGRADO

FAZER CERTO AS COISAS – FAZER AS COISAS CERTAS

DIRECIONADOS AO MARKETING

PROPENSÃO AO IMEDIATISMO

Agenda do executivo

Moeda: dólar.

Língua: inglês.

Funcionamento dos bancos:
das 9 às 15 horas.

Horários comercial:
das 9 às 17 horas.

Gorjetas: não são incluídas nas contas. Sobre comidas, dá-se a 10%; bebidas 15% sobre o valor da conta.

Cartões de vista: tenha uma boa quantidade de cartões, que são entregues na apresentação.

Visto: os brasileiros necessitam de visto para entrar nos Estados Unidos.

Carteira de motorista: se for alugar um carro, poderá usar a CNH brasileira.

Atlanta

Com um importante centro de abastecimento, Atlanta é conhecida por seu entusiasmo e hospitalidade típicos dos povos do sul.

Apesar das raízes pré-guerra civil, Atlanta parece relativamente jovem quando comparada com outras cidades de tamanho e idade similares. Mais de 1.150 instalações de propriedade estrangeira representando 33 países distintos estão instaladas em Atlanta. Suas culturas, perspectivas, filosofias e atitudes moldam o caráter de Atlanta, que é uma cidade amistosa e com inúmeros lugares para explorar.

Uma das mais engenhosas construções de Atlanta foi o Aeroporto Internacional de Hartsfield, que está entre os três aeroportos mais movimentados do mundo. Outra grande obra é a chamada Marta, área que engloba o sistema de trens e ferrovias da cidade. Esses foram os dois importantes empreendimentos que fizeram Atlanta sediar os jogos olímpicos.

Locais para convenções e reuniões

Four Seasons Hotel Atlanta

<www.fourseasons.com/atlanta/>

Renaissance Atlanta Waverly Hotel & Convention Center

<www.marriott.com>

Boston

Boston, a capital de Massachusetts, tem a alma ligada ao trabalho. A cidade atrai negócios do mundo inteiro e está na quarta posição das cidades com maior competitividade do mundo com suas famosas universidades, Harvard University e Massachusetts Institute of Technology (MIT).

O fato é facilmente explicável: o estado de Massachusetts tem grandes empresas de computação, de pesquisa ambiental, tecnologia e serviços de reciclagem, empresas ligadas à biotecnologia, plásticos e derivados, e bancos comerciais. Além do mais, apresenta um alto padrão de vida.

É esta vitalidade que faz de Boston um grande palco para grandes negócios.

O Brasil e Portugal em Boston

De acordo com a pesquisa do *Census* dos Estados, estima-se que 73 mil cidadãos de língua portuguesa vivam na Nova Inglaterra, maioria na capital de Massachusetts. Há jornais em português, restaurantes, lojas de produtos típicos e algumas empresas já têm filiais em Boston.

Os negócios crescem, mas as grandes diferenças culturais são um permanente obstáculo à união das economias.

Dicas para não perder a classe

Dos ingleses, Boston herdou a eficiência dos relógios britânicos: são pontuais, trabalham no eixo e nunca deixam ninguém na mão. A cidade funciona de maneira tal que tudo parece perfeito.

Locais para convenções e reuniões

John B. Hynes Veterans Memorial Convention Center
<www.massconvention.com/jhcc.html>

Boston Convention & Exhibition Center
<http://www.massconvention.com/jhcc.html>

Nova York

A cidade que nunca dorme

Uma das cidades mais importantes dos Estados Unidos, Nova York é considerada a capital do mundo por muitas razões: seu dinamismo social e cultural bem como sua diversidade étnica. Sem embargo, esse prestígio se deve em grande parte ao enorme número de possibilidades de negócios de todos os níveis. Comerciantes de todo mundo vão a Nova York em busca de produtos para vender em seus respectivos países.

Wall Street é o centro da maior área financeira dos Estados Unidos.

Emigrantes europeus em busca do sonho americano estão convertendo Nova York na mais importante porta de entrada dos Estados Unidos.

Em Nova York, tanto o transporte público como o privado são muito eficientes e fáceis de utilizar.

Manhattan é o centro focal de atividades financeiras, políticas, intelectuais e culturais.

Locais para convenções e reuniões

Hilton New York – <http://www.newyorkhiltonhotel.com>

The Ritz-Carlton New York – Central Park – <http://www.ritzcarlton.com/>

Washington

É a capital dos Estados Unidos. A política domina a vida da cidade, oferecendo comércio e indústrias de alta tecnologia. Também é onde se encontram quase que 174 delegações diplomáticas de todo o mundo. A presença dessas delegações estrangeiras dá à cidade um toque internacional. Festas promovidas por embaixadas têm um papel importante na vida social da cidade, e os diplomatas estrangeiros, suas famílias e seus funcionários contribuem para a diversidade da comunidade de Washington.

Após ter sido designada para sediar a capital do país, iniciou-se a construção de uma mansão presidencial, chamada Casa Branca.

Nos últimos vinte anos, Washington teve um desenvolvimento acelerado, foram construídos grandes edifícios e hotéis de luxo. É uma cidade sofisticada, sede de organismos internacionais e de sindicatos e associações de todo o mundo.

Washington representa um mercado para o progresso e desenvolvimento econômico. Está bem preparada para dar boas-vindas aos executivos estrangeiros.

Locais para convenções e reuniões

Grand Hyatt Washington – <http://grandwashington.hyatt.com>

The St. Regis Washington D.C. – <http://www.starwoodhotels.com>

São Francisco

São Francisco é uma cidade diferente e bem-humorada. O formigueiro humano que transita no vai e vém do centro financeiro e urbano da cidade lembra São Paulo, mas com um detalhe: a cidade é organizada.

A descoberta de ouro em 1848, nas rochas da Califórnia, gerou uma explosão populacional na cidade, atualmente com mais de 37 milhões de habitantes. Incrustada no coração da Califórnia, é o estado mais rico dos Estados Unidos (se fosse um país, a Califórnia seria a oitava maior economia do mundo).

A Califórnia do Norte se tornou o produtor de vinho mais prestigiado de todos os Estados Unidos e São Francisco é a porta de entrada para o mundo do vinho.

Se estiver negociando com um californiano, olhe diretamente nos olhos em situações sociais e de negócios. Do contrário, denotará enfado e desinteresse.

Locais para convenções e reuniões

The Fairmont San Francisco
<http://www.fairmont.com/san-francisco/>

Hilton Financial District
<http://www.sanfranciscohiltonhotel.com>

Permissão internacional para dirigir

A

África do Sul, Albânia, Alemanha, Angola, Argélia, Argentina, Austrália, Áustria, Azerbaijão.

B

Bahamas, Barein, Bielorrússia, Bélgica, Bolívia, Bósnia e Herzegovina, Bulgária.

C

Cabo Verde, Cazaquistão, Chile, Cingapura, Colômbia, Coreia do Sul, Costa do Marfim, Costa Rica, Croácia, Cuba.

D

Dinamarca.

E

El Salvador, Equador, Eslováquia, Eslovênia, Estados Unidos, Estônia.

F

Rússia, Filipinas, Finlândia, França.

G

Gabão, Gana, Geórgia, Grécia, Guatemala, Guiana, Guiné-Bissau.

H

Haiti, Holanda, Honduras, Hungria.

I

Indonésia, Irã, Israel, Itália.

K

Kuwait.

L

Letônia, Líbia, Lituânia, Luxemburgo.

M

Macedônia, Marrocos, México, Moldávia, Mônaco, Mongólia, Montenegro.

N

Namíbia, Nicarágua, Níger, Noruega, Nova Zelândia.

P

Panamá, Paquistão, Paraguai, Peru, Polônia, Portugal.

R

Reino Unido (Inglaterra, Irlanda do Norte, Escócia e País de Gales), República Centro-Africana, República Democrática do Congo, República Checa, República Dominicana, Romênia.

S

San Marino, São Tomé e Príncipe, Seichelles, Senegal, Sérvia, Suécia, Suíça.

T

Tadjiquistão, Tunísia, Turcomenistão.

U

Ucrânia, Uruguai, Uzbequistão.

V

Venezuela.

Z

Zimbábue.

Parte II

Comunicação interpessoal

Reuniões

Como fazer negócios

Telefone

Atendimento aos clientes

De malas prontas

Selecionando uma agência de viagens especializada em negócios

Comunicação interpessoal

O investimento mais *importante que uma empresa pode fazer é em recursos humanos – no pessoal, no desenvolvimento de sua capacidade de trabalhar em equipe e se relacionar bem com os clientes. Sem isso, todos os outros investimentos terão sido feitos em vão.*

Richard Banson,
Presidente do Virgin Group of Companies

A comunicação deve ser aberta e não impor barreiras nos relacionamentos interpessoais. Nos últimos tempos, poucas empresas têm conseguido atingir esses objetivos.

Desde criança, nossa autoimagem se baseia na avaliação das pessoas com quem nos relacionamos. Se ela é positiva, nosso conceito de nós mesmos tende a ser bom; se é negativa, tendemos a nos autoavaliar de forma deficiente. Todos queremos saber, consciente ou inconscientemente, como somos vistos pelos nossos pares. O balizamento do nosso comportamento depende das percepções dos outros nos relacionamentos interpessoais.

Nas organizações em que a comunicação é aberta e as pessoas podem expressar livremente suas observações a colegas e superiores, o clima apresenta uma tendência maior à descontração e a relações interpessoais realizadoras e produtivas, estimulando o crescimento individual e do grupo.

Na prática, porém, encontramos exatamente o contrário. Quase não há *feedback* e, quando há, na maior parte das vezes é apenas negativo. Elogios são raros, mas críticas são constantes. Cria-se um ambiente defensivo e tenso, no qual as pessoas não ousam expor suas opiniões e percepções. Consequentemente, o processo decisório tende a ser mais lento e centralizado na figura de poder.

Abertura significa compartilhar, com os outros, sentimentos, opiniões, desejos, percepções pessoais, inseguranças, enfim, é revelar aspectos pessoais que os outros só conhecerão com a nossa permissão. Essa abertura varia de pessoa para pessoa e de acordo com o ambiente em que vivemos. Assim, podemos ser abertos em certos ambientes e defensivos em outros.

Todos os grupos de funcionários devem ser treinados na comunicação com atitudes positivas, para descrever o comportamento dos outros sem julgamentos e na expectativa de que os companheiros cresçam. Muitas empresas que experimentam essas atividades sem ajuda externa ou preparação cuidadosa correm sérios riscos. Um deles é entrar em processo de "análise selvagem", ou seja, exagerar os pontos de dificuldade, enfatizar pontos negativos, falar com rispidez e, achando que se está sendo franco, perder o controle emocional e exibir comportamentos agressivos. Esses acontecimentos podem deixar sequelas eternas. Já trabalhei em várias ocasiões com grupos que haviam passado por esse tipo de experiência e pude constatar os traumas sofridos pelos participantes.

A preparação dos funcionários deve passar pela análise dos conflitos emocionais e despertar as relações positivas de afeto. Na prática, quando o consultor consegue ajudar o grupo a desarmar o espírito e a trabalhar suas dificuldades de uma maneira real e sem manipulações, cria-se um clima perfeito para o desenvolvimento do trabalho.

Depois de vários e diferentes exercícios desse gênero, as pessoas se sentem renascidas. Conseguem descrever seus conflitos e renegociar suas expectativas e seus projetos futuros. Nesses momentos, alguns grupos vivem emoções tão intensas que os participantes jamais as esquecerão. A comunicação interpessoal, aberta e sem barreiras, é um dos aspectos mais importantes a ser desenvolvido em culturas que pretendam o sucesso que, sem isso, torna-se impossível de ser alcançado.

A boa comunicação é essencial para a sobrevivência de qualquer empresa. Se as suas ideias e mensagens não forem transmitidas claramente, é pouco provável que as pessoas se interessem pelo seu negócio. A maioria das empresas faz um esforço enorme e investe somas consideráveis para garantir que os clientes recebam a mensagem sobre a qualidade do produto ou serviço, as características únicas e os seus benefícios. Mas muitas delas se esquecem do cliente interno, o funcionário.

Os funcionários precisam saber para quem trabalham e quais as metas e os objetivos da empresa. Em outras palavras, precisam se sentir parte do grupo. Não se trata de mais um modismo gerencial. É uma necessidade profunda do ser humano. Passamos boa parte de nossa vida adulta trabalhando ou pensando sobre o nosso trabalho. Portanto, é essencial tanto para o funcionário quanto para o empregador que o primeiro se sinta confortável no seu ambiente de trabalho.

De acordo com uma recente pesquisa realizada na Grã-Bretanha, a maioria dos funcionários considerava a comunicação muito importante, embora 17% considerassem ter informações adequadas. Menos da metade conhecia os objetivos da empresa.

Cada vez mais que acontece uma mudança, todos os funcionários são afetados, direta ou indiretamente, incluindo o campo psicológico. Se os funcionários são mantidos no escuro, eles se tornam inseguros Em uma fase de transição, o funcionário pode se ver facilmente como vítima da mudança em vez de se sentir agente dela. A linguagem deve ser simples e clara, com comprometimento visível da gerência quanto à disseminação da informação.

Os funcionários são mais comprometidos quando têm mais informações, o sentimento de pertencer à equipe, fazer parte de alguma coisa de que gostam faz com que fiquem mais motivados. Tecnologia e equipamentos se adquirem, mas comprometimento e motivação têm de ser conquistados.

E por onde começar? Pela sua atitude. A primeira coisa é gostar dos seus funcionários, de seus colegas e dos seus clientes.

E como ela começa? Por você gostar de si mesmo. Isso é importante, porque os seus funcionários irão tratar bem os seus clientes somente se gostarem deles. Comece um plano de relacionamento e comunicação interna entre as pessoas com quem você se relaciona. Em pouco tempo, ficará surpreso com o quanto é mais fácil trabalhar com pessoas motivadas.

> **Humor**
>
> O bom humor e o espírito de equipe também são sinais de educação. As pessoas tendem a se acostumar com o dia a dia do trabalho e se esquecem de serem gentis.

Motive o seu funcionário

Uma das primeiras tradições a instituir é a de agradecer às pessoas pelo bom trabalho. O pagamento financeiro não basta. Elas precisam saber que sua colaboração é apreciada. Esse reconhecimento motivará a equipe e gerará uma dedicação redobrada no futuro. Dizer obrigado, no entanto, não o livra de ser generoso ou de se lembrar do aniversário de seu colega.

Todos que contribuem com a tarefa de cada dia merecem agradecimentos, seja qual for a função ou lugar na hierarquia da empresa. Se você tiver sob suas ordens pessoas que não pensem dessa maneira, dê o exemplo: agradeça efusiva e sinceramente, na presença dos outros, àqueles que fizerem por merecer o reconhecimento. E os outros acabarão por segui-lo.

O superior deve tratar da mesma maneira todos os seus subordinados. Qualquer sinal de favoritismo gera ressentimentos e mal-estar. Funcionários novos, antes de mostrarem serviço, devem procurar estudar os costumes, o protocolo e as regras de etiqueta do seu novo local de trabalho.

Quando ouvir alguma coisa que possa afetar a empresa, não dê crédito, nem repita o que ouviu antes de verificar a procedência da informação e seu grau de confiabilidade. Um funcionário não pode falar mal da vida alheia, contar piadas fora de hora ou fazer pouco dos superiores e dos colegas.

A motivação desperta a criatividade

"Se não atingirem os resultados, mando todos embora!".

Está claro que, agindo assim, você está quebrando todas as regras da etiqueta.

"De tempos em tempos dou uma bronca daquelas e tudo volta aos eixos; acho que não há uma ferramenta melhor do que essa", disse um empresário.

Sim, ele conseguia melhorar os resultados dessa forma Lembrei-me do capataz batendo nos escravos, mostrando a inteligência de seu braço bruto que conseguia fazer prodígios com o chicote.

Indiscutivelmente, o medo pode ser um motor, mas se for constante torna-se inibidor, estressante, contrário à qualidade, além de ativar mecanismos de vingança sobre aquele que o provocou. Toda gerência deve considerar este elementar princípio psíquico: "quem se sente humilhado ou desrespeitado aciona inconscientemente mecanismos (aliás saudáveis) que se equivalem ao ataque recebido".

É por isso que o empresário usava o medo como recurso da motivação quase mensalmente. Os funcionários assustados melhoravam seu desempenho nos primeiros dias. Depois, estressados pelo esforço do medo e da humilhação, voltavam a um ritmo ainda mais lento.

Liderar pessoas exige capacidade de entendê-las e respeitá-las. Isso só é possível se quem lidera for inteligente. Define-se a inteligência com a habilidade que as pessoas têm de adaptar-se às diferentes situações e também de modificá-las. Ou seja, inteligência é respeitar a história e a validade do que existe e a partir disso transformar. Sendo assim, utilizá-la é participar dos diferentes processos da vida.

Se inteligência é participação, é fácil perceber quão desanimador é sentir essa faculdade ignorada. Sem dúvida, este é o maior fator de desânimo em uma empresa, independente da sua posição no mercado, não pode ser uma empresa eficiente, já que a vantagem de um grupo de inteligências é sempre maior do que uma só.

No Brasil, não chega a 1% o número de sugestões que os funcionários fazem para melhorar a eficiência no trabalho. No Japão, esse número chega a 95%.

As pessoas precisam de dinheiro, é verdade, mas também querem se sentir felizes e orgulhosas em seu trabalho. Assim, se damos a um jovem certas responsabilidades, mesmo que ele não tenha um título, vai acreditar que tem pela frente um bom futuro e terá muito mais estímulos para desempenhar bem suas tarefas.

Todos nós trabalhamos para ter satisfação pessoal. Sabemos que a publicidade brasileira faz do descanso e do prazer as metas primordiais da vida, mas no Japão não é assim. Realmente, existe uma coisa chamada patriotismo de empresa e satisfação no trabalho, e isso é tão importante quanto dinheiro.

Nós, no Japão, temos uma visão diferente das bases do sucesso nos negócios e nas empresas. Acreditamos que, se quisermos alta eficiência e produtividade, é preciso ter um relacionamento próximo e cordial com os funcionários, pois isso contribui para elevar o moral. Às vezes, é o que há de mais importante para se criar um sentido de afinidade, o que eventualmente nos leva a tomar decisões tecnicamente irracionais. Podemos ser totalmente racionais com uma máquina, mas se trabalhamos com gente, a lógica às vezes, deve ceder lugar a outra forma de entendimento.

Akio Morita
Em *Made in Japan*

Uma empresa não vai longe se deixa todo o planejamento apenas nas mãos da sua diretoria. Todos devem contribuir e nos níveis mais baixos essa contribuição deve ser muito mais do que trabalho manual. Insista para que os funcionários deem ideias. Isso aumenta a eficiência e até facilita a vida do próprio funcionário.

Uma das formas que se utiliza para melhorar as relações de trabalho e para manter contato permanente é promover jantares com jovens gerentes de escalão inferior, para que possam ficar conversando.

Os japoneses estão voltados para a qualidade porque sabem que têm de fazer bem feito. Eles o fazem porque emocionalmente estão inseridos num processo que os leva a fazer bem feito. A qualidade está integrada no seu comportamento profissional, pois foram educados com senso de responsabilidade sobre o que passa por suas mãos.

Um dos primeiros homens da área comercial nos Estados Unidos a receber um salário anual superior a 1 milhão de dólares foi Charles M. Schwab. Quanto tinha apenas 39 anos de idade, deixou a US Steel e foi dirigir a Bethlehem Steel, então em má situação financeira, e dela fez uma das empresas mais bem-sucedidas dos Estados Unidos. Por que Schwab recebia mais de 3 mil dólares por dia? Por que Schwab era um gênio? Por que conhecia mais sobre a fabricação do aço que outras pessoas? Tolice.

Segundo o próprio Schwab, a razão de receber um salário tão elevado era a sua habilidade no lidar com as pessoas. Eis o segredo, exposto por palavras que deviam ser gravadas na eternidade do bronze e postas em cada lar e escola, palavras que transformarão a sua e a minha vida, caso resolvamos segui-las:

Considero minha habilidade em despertar o entusiasmo entre os homens a força que possuo, e o meio mais eficiente para desenvolver o que há em um homem são a apreciação e o encorajamento.

- comece por gostar dos seus funcionários;
- elogie seus assistentes;
- reconheça o trabalho de subordinados e colegas com sinceridade;
- cultive o afeto dos membros da equipe e, principalmente, goste de cada um;

- motive seu funcionário quando ele fizer bem determinado serviço;
- faça questão de elogiá-lo por esses trabalhos bem-feitos diante de todos os funcionários;
- faça um elogio honesto e sincero;
- seja sincero na sua aprovação e pródigo no seu elogio.

Qual a diferença entre o elogio e a bajulação? É simples. O primeiro é sincero, o outro não. O elogio vem do coração; a bajulação é da boca para fora. O elogio é altruísta; a bajulação é egoísta. O elogio é universalmente admirado; a bajulação, condenada.

> Na natureza, a única constante é a mudança. Os homens mudam, os produtos mudam, os gostos mudam. Enquanto lê este livro, você está mudando; é uma pessoa diferente do que era há alguns minutos. Por menor que seja a mudança, ela ocorre o tempo todo.

Todos queremos elogios

Elogie quando o funcionário merecer; oriente, dê ajuda e apoio construtivo quando isso for necessário. O elogio sincero, mesmo com um pouco de lisonja, motiva as pessoas. Sempre que uma assistente é amável e eficiente, diga: "Muito obrigado. Você parece bastante eficiente". Isso faz maravilhas. Mas você deve ser sincero e só fazer elogios merecidos.

Convença os gerentes e seus subordinados do poder do elogio. Alguns talvez pensem que fazer elogios é o mesmo que atrair o convencimento; não é. Se o elogio for dado sempre às pessoas que o merecem, a ausência dele será percebida e se transformará em instrumento de motivação.

Se você fizer elogios quando forem merecidos, os funcionários talvez nem percebam que fizeram algo bem feito – talvez não o façam de novo! Na próxima oportunidade, elogie alguém de sua equipe; pratique fazendo elogios sinceros às pessoas de fora da empresa.

Desempenho insatisfatório

Você é culpado em parte pelo desempenho insatisfatório do funcionário e tem de partilhar a culpa com ele. Portanto, não censure ninguém pelo fraco desempenho. Esses funcionários precisam de uma correção de rumo:

- nunca corrija uma pessoa na frente dos outros;
- reconheça que, com toda a probabilidade, a pessoa precisa mais de orientação e aconselhamento do que de ação corretiva e que qualquer falha pode ser o resultado de instruções imperfeitas;
- cumprimente o funcionário por alguma coisa que julgue merecer elogios antes de abordar o assunto do desempenho insatisfatório;
- não critique. Explique de que maneira a pessoa poderá se sair melhor;
- pergunte como a pessoa acha que a situação pode melhorar e ouça com cuidado para distinguir entre esforço e resultados. Ninguém, exceto talvez você, pode ser responsabilizado por achar que vendas são possíveis onde, na verdade, não o são;
- não exagere na correção. O fato de você "ser o chefe", saber o que se passa e ter levantado a questão quase sempre basta para motivar a pessoa e redobrar os esforços;
- não critique sem oferecer uma alternativa construtiva: sua tarefa é incutir confiança, não destruí-la.

Reuniões

Alguma vez você já esteve em uma reunião e depois de uma hora e tanto, na saída, um colega lhe perguntou: “Qual a razão de todo esse barulho?”.

Não é incomum assistir a uma reunião que consuma tempo demais para o pouco que realiza: discussões e argumentos intermináveis; inúmeros pontos de vista; assuntos não examinados em detalhes e poucas ações formuladas. Quando a reunião termina, sua razão de ser passa para segundo plano.

A solução é simples: ao conduzir uma reunião, faça com que seja o mais curta possível; que todos saibam por que foi convocada e o que têm de produzir como resultado.

Conduzimos reuniões por três razões principais:

- realizar treinamento;
- transmitir informações;
- solucionar problemas.

Realizar treinamento

Antes de conduzir uma reunião de treinamento, informe a todos que terá objetivos específicos e no início da reunião reafirme esses objetivos.

Somente conferencistas experientes conseguem manter o interesse de um grupo de pessoas por mais de vinte ou quinze minutos; e mesmo o orador mais divertido e interessante só pode prender a atenção de uma plateia por tempo limitado.

Transmitir informações

Somente utilize uma reunião para transmitir informações se não houver outro método melhor e mais conveniente. Certifique-se de que as pessoas certas compareçam à reunião e saibam exatamente o que têm de fazer com as informações.

Solucionar problemas

Os problemas localizam-se em apenas dois lugares – no ambiente de trabalho e nas pessoas.

Localizar a fonte do problema não é uma tarefa simples, porque pessoas diferentes consideram o mesmo problema como tendo sido causado por razões diferentes. Contudo, sua primeira tarefa em uma reunião para solucionar um problema é concordar sobre sua fonte. Se não for possível chegar a um acordo sobre uma das localizações possíveis, é preciso considerar cada uma por sua vez e, talvez, examinar cada uma das atitudes possíveis.

Sua posição dentro do grupo

Sua posição dentro do grupo será de grande ajuda. Se está "no apogeu", é bem considerado porque sabe trabalhar com o grupo e merece o respeito e a obediência de seus membros;

você está em uma posição forte; pode tomar uma decisão e usar seu poder de liderança para conquistar aceitação.

Se, entretanto, está em uma posição fraca – talvez as vendas não estejam indo muito bem, faz algum tempo que não vê o pessoal, uma ou duas coisas deram errado –, é melhor que o grupo tome a decisão e você aplique sua habilidade como chefe para melhorar a qualidade do que foi decidido.

Decisões sobre problemas

Reuniões, em sua maioria, são conduzidas para solucionar problemas. Eis oito passos para orientarem na condução dessas reuniões:

1. entender a linguagem;
2. conhecer todos os fatos;
3. localizar a origem do problema;
4. expor o problema em termos objetivos;
5. determinar a qualidade e aceitação da decisão;
6. examinar as soluções possíveis;
7. peneirar as soluções;
8. escolher e chegar a um acordo sobre a decisão.

Antes da reunião

Antes de convocar a reunião:

- decida se uma reunião é o melhor método para alcançar o objetivo;
- liste os objetivos;
- considere quem tem probabilidade de ser afetado pelas decisões tomadas na reunião e decida quem deve comparecer;
- reúna todas as informações necessárias;
- selecione itens específicos para serem discutidos;

- preveja dificuldades, atrasos, participantes inábeis e prepare documentos e atitudes para superar as dificuldades esperadas;
- prepare a pauta da reunião com no máximo cinco objetivos.

Durante a reunião

Presumindo que você vai presidir a reunião:

- exponha a finalidade da reunião;
- descreva os objetivos que espera alcançar;
- incentive a participação, mostrando o contraste entre pontos de vista diferentes, mas sem impor suas opiniões ao grupo;
- dirija a discussão para os objetivos;
- de vez em quando, resuma as discussões, expondo com clareza os pontos de discordância e de consenso;
- teste a sensibilidade dos participantes sobre pontos de discordância para saber como se apegam a suas opiniões. Se perceber uma divisão de 50/50, evite aceitar uma proposta cedo demais; a discussão posterior modifica opiniões em relação às quais antes havia forte apego;
- fiscalizar o relógio e observar as reações de participantes que pareçam estar perdendo o interesse – discussões podem se arrastar por tempo demais. Os problemas de hoje terão a metade do tamanho na semana que vem. Com frequência, a mudança no rumo da discussão e depois a volta ao assunto original garante o acordo onde um ataque frontal fracassa;
- reformular as conclusões sobre as quais houve acordo para que todos os participantes entendam;
- relatórios escritos podem ser recebidos e, se aprovados, adotados. Relatórios orais só podem ser recebidos;

- referências ou remessas de volta a uma subcomissão são, às vezes, feitas quando se trata de relatórios não adotados pelo plenário ou que precisem de esclarecimentos.

Depois da reunião

- O secretário da reunião prepara minutas que têm três funções: registrar os procedimentos (quando aprovados e assinados em uma reunião posterior), autorizar a ação quando uma decisão tiver sido tomada para uma pessoa fazer alguma coisa, formar um elo entre as reuniões para que normas sejam estabelecidas;
- As minutas devem ser um relato preciso da essência da reunião. Não devem se ocupar de opiniões, debates, conversa irrelevante, ou qualquer coisa que não qualifique, condicione ou, de outro modo, altere as resoluções e decisões aprovadas. Devem ser breves;
- As minutas devem seguir a pauta da reunião.

Exemplo de pauta

É provável que muitas discussões sejam sobre questões que surgiram de reuniões anteriores e não sobre os itens específicos da reunião atual.

Relacione os itens, colocando os de decisão mais fácil em primeiro lugar. Os itens mais difíceis talvez precisem ser assunto de uma reunião especial:

Presentes: primeiro o presidente; depois os outros em ordem alfabética: Se o secretário não for membro da comissão, inserir entre parênteses "de serviço".
Justificações: o secretário cita as justificações recebidas.

Minutas da reunião realizada em...: as minutas da reunião anterior devem ter sido distribuídas para que os participantes presentes possam aprová-las e para que possam, então, ser assinadas pelo presidente.

Questões levantadas: questões não discriminadas em separado no próximo cabeçalho são discutidas.

Itens específicos: cada item deve ter um título: "Novos produtos"; "Futura campanha de propaganda", "Novo banco de dados" etc.

Qualquer outro assunto: para itens a serem discutidos na reunião atual ou a serem colocados como pauta para a próxima reunião.

Data da próxima reunião: também local, hora e outros pontos específicos.

Sugestões para aperfeiçoar as reuniões

- Realizá-las pela manhã e não permitir que chamadas telefônicas e e-mails interrompam os procedimentos.
- Dar atenção especial às acomodações. As cadeiras não devem ser revestidas de plástico; devem ser revestidas de tecido e ser firmes.
- Se souber que vai ter de lidar com uma pessoa difícil na reunião, coloque essa pessoa à sua esquerda ou à sua direita. Fica mais fácil fazer um gesto com a mão ao expor alguma coisa e protegê-la fisicamente do resto do grupo. Se essa pessoa se sentar voltada para você, é provável que a reunião se divida em duas, com os argumentos difíceis vindos da direção oposta.
- Fazer com que todos contribuam para a discussão, mas não colocar as pessoas em situação difícil, perguntando: "O que acha, Paulo?" ou "Faz tempo que está calado, David. Qual é sua opinião?"
- Colocar o relógio sobre a mesa em sua frente para que as pessoas vejam que você pretende obedecer ao horário; começar na hora marcada; terminar quando disse que terminaria.

- Ser o mais tolerante que puder, mas não recear trazer os participantes de volta ao assunto principal, perguntando: "Sobre o que está falando?". Ou, se preferir de forma brusca: "O que está tentando dizer?"
- Uma reunião deve criar decisões de "aceitação" pois, ao fazer isso, melhora a qualidade das decisõe.
- Evitar deixar os participantes saberem o que você pensa antes de externarem suas opiniões.
- Resumir a discussão de cada assunto para que os participantes tenham uma clara compreensão das opiniões externadas na reunião.
- Lembre-se de que as pesquisas demonstram que quanto mais demorada for a discussão sobre um assunto, menos informações os participantes usarão para embasar a decisão. O tédio e o cansaço costumam apagar tudo, exceto os dados mais fáceis de lembrar.

Conferência telefônica

- Se você for convidado para participar de uma conferência telefônica, seja pontual.
- Decida se vai usar o seu telefone, tablet ou outro aparelho num lugar calmo e sem barulho. Uma vez pronto, bloqueie os outros aparelhos até que a conferência termine.
- Se estiver em sua casa, assegure-se que não vai ser incomodado com choro de crianças, com o latir do seu cachorro ou barulho de carros.
- Mantenha-se numa boa postura para que sua voz possa soar agradável.
- Aguarde para ser apresentado. Diga o seu nome e cumprimente todos os participantes.
- Quando convidado a participar, dirija-se à pessoa pelo nome.

- Aguarde que o seu colega termine de falar; não o interrompa.
- Ao término, agradeça e despeça-se.

Lembre-se de que você não foi convidado para uma conferência telefônica para:

- responder chamadas no seu celular;
- checar suas mensagens;
- comer ou beber.

Como fazer negócios

O mais fascinante e complexo dos negócios são as regras, as aparências, os rituais de boas maneiras e o comportamento social. Esses itens têm uma importância extraordinária, a ponto de, em muitas ocasiões, determinar o fechamento ou não de um grande negócio.

Estamos em tempos de negociação. Aliás, sempre estivemos. Negociar é como o processo de comunicação. Algo que fizemos, fazemos e faremos milhares de vezes. E, talvez, por ser tão ligado ao nosso dia a dia, não nos apercebemos de todas as dificuldades envolvidas.

Algumas regras a serem seguidas

Disponha de procedimentos para lidar com a tensão e o estresse, elementos sempre presentes em qualquer negociação:

- verifique quais os possíveis temores do outro negociador, tais como ter algo diminuído ou o *status* prejudicado, sobretudo perante o eleitorado;

- não leve em conta o tempo de aceitação do outro. É preciso ter paciência;
- tenha um vasto conhecimento do seu negócio. Caso contrário, é como andar de táxi numa cidade desconhecida;
- se você percebe que não está conseguindo comunicar-se adequadamente, nada o impede de começar de novo;
- quando perceber que todos os assuntos já foram discutidos e o negócio já se deu por encerrado, saia como entrou. Sorria e agradeça que o tenham recebido. Aperte a mão de todos, se despeça e vá embora sem demorar-se à porta;
- enquanto você aguarda notícias, seja cortês enviando uma mensagem de simples agradecimento.

Como evitar erros na hora da negociação

- Preparar e efetuar uma simulação das negociações, sobretudo aquelas de maior importância. O tempo da improvisação já passou.
- Negociar como se estivesse dialogando com o próprio espelho. Procure sempre ver a negociação sob todas as óticas possíveis.
- Procure testar as premissas, de forma a fazer com que haja congruência entre suas suposições e a realidade. Identifique e teste seus pressupostos.
- Não confunda a versão com os fatos. É preciso muito cuidado para não cair na armadilha de "O que importa é a versão e não os fatos". Certifique-se e teste suas informações.
- Atente para o estilo e interesse dos outros. As pessoas estão interessadas, sobretudo, em soluções e benefícios.
- Não descuide do clima da negociação. Pode ser de apoio ou defensivo e pode significar a diferença entre

um desfecho bom para as partes ou um impasse. Ajuda muito se você colocar primeiro os fatos, depois as opiniões.

- Apresente a proposta depois de ter percorrido uma adequada fase de exploração ou sondagem. O bom negociador pergunta o máximo e compreende antes de se fazer compreender.
- Não se esqueça de que a negociação só termina quando o acordo foi cumprido e não quando o acordo foi firmado. Tenha formas de avaliar e controlar o que foi acordado.
- Não improvisar. Avaliar bem os fatos e agir com segurança são regras do bom negociador.
- É preciso fazer uma reflexão sobre as próprias dificuldades e buscar formas de superá-las.
- Não procure aprender alguma coisa de cada negociação efetuada. A prática só é boa para quem sabe aprender com ela. Quem não sabe comete sempre os mesmos erros e cada vez mais.

Meios de contato

Internet, e-mail, blog, redes sociais

Foi-se a época em que a televisão era o principal meio de transmissão da cultura e entretenimento. Atualmente, é a era da internet, juntamente com as redes sociais, tais como: blogs, Youtube, Twitter, Facebook. Essas novas mídias mudaram o comportamento social e o entretenimento de muitos.

O meio cultural dominante determina a própria cultura.

Neil Postman
Teórico da comunicação dos EUA

Com a revolução da internet, temos as seguintes mudanças:

- o trabalho flui com mais rapidez e sem interrupção – 24 horas;
- troca-se informações e colaboramos com nossos colegas mais distantes;
- muitos setores industriais tradicionais estão, de certa forma, enfrentando grande dificuldade para se adaptar à internet;
- antes da revolução, uma empresa contratava um profissional de relações públicas para que o público soubesse ou a conhecesse melhor;
- depois da revolução, uma empresa contrata um profissional, especialista em mídia, para que sua marca fique conhecida;
- o lado negativo é que as pessoas estão escrevendo ao invés de falar, por isso nossas habilidades de comunicação face a face estão diminuindo.

E-mail

A internet tornou possível a comunicação com pessoas de todo o mundo. A única maneira que alguns colegas de trabalho têm para formar uma opinião sobre nós é por meio da nossa forma de escrever. Não arrisque sua credibilidade com um clique rápido do botão "enviar". As queixas mais comuns são: não ser claro sobre o objetivo do e-mail, não desenvolver um fluxo lógico de ideias, não fazer a verificação ortográfica.

Em todas as mensagens, é essencial cuidar da gramática, da ortografia e da pontuação. No entanto, se você quer alcançar resultados com sua escrita, precisa muito saber estruturar frases corretamente para transferir seus pensamentos e ideias para os remetentes. É necessário colocar-se no lugar do leitor e imaginar como vai aceitar o que está escrito no tom utilizado. Você deve antecipar as necessidades, desejos, interesses e problemas do leitor, e o mais importante, saber lidar com a situação específica de comunicação proposta.

Não se distraia

E o que podemos fazer para que não nos distraiamos com a quantidade de e-mails que recebemos e nos concentremos naquilo que estamos fazendo:

1. envie uma mensagem para seus colegas avisando que você não estará disponível depois das 22:00, a não ser em caso de urgência. E, depois desse horário, desligue seus aparelhos;
2. deixe o aparelho o mais longe possível da sua cama e quando acordar, resista a tentação de logo consultar a caixa de entrada: não há nada mais cansativo que começar um dia assim;
3. vá almoçar e não leve nenhum aparelho tecnológico com você;
4. se tiver oportunidade, recarregue suas energias na natureza. Ela é o melhor antídoto contra as tensões causadas pela tecnologia. O simples fato de você já ter uma planta no escritório aumenta sua concentração;
5. para que a sua caixa de e-mails não seja invadida por mensagens desnecessárias ao trabalho, crie um e-mail pessoal separado. Guarde o seu e-mail profissional somente para os contatos empresariais.

Não entre em pânico! Use o telefone

Você já passou horas ou dias envolvido em trocas de e-mail? Não seria melhor usar o telefone? De fato, a sobrecarga do uso do e-mail tem contribuído para um declínio nas habilidades da comunicação oral. Atualmente, é muito comum que pessoas enviem e-mail a outras que estão no escritório ao lado, em vez de caminhar alguns passos. Lembre-se de que é bom falar e não deixe que o e-mail acabe com a boa conversa.

Discutir algo pessoalmente ou por telefone ajuda a detectar a raiz do problema e resolvê-lo de uma maneira mais rápida e eficaz.

Telefone

A primeira e, muitas vezes, a mais duradoura impressão que alguém recebe de sua empresa é pelo telefone. Ele é muito mais que um aparelho de comunicação; é a oportunidade de estabelecer um relacionamento com um cliente fora do alcance de seus competidores.

Que tom de voz ao telefone?

O tom de voz tem importância fundamental. Sua assistente pode ser doce e melodiosa quando fala com o vice, mas você já a observou ao telefone?

Sorria. Pode parecer absurdo, mas funciona. Quando sorrimos, a voz se torna simpática. O efeito de um sorriso é poderoso, mesmo quando não pode se visto.

O telefone não é só um instrumento de vendas, mas também de prestígio: por meio dele vendemos a nossa reputação. A maneira de receber os telefonemas pode confirmar ou destruir o bom nome de uma organização.

Não importa como você atende ao telefone. O mais importante é empregar um tom animado, positivo e demonstrar que o telefonema foi recebido com prazer.

Atendimento aos clientes

Desde a abertura do mercado brasileiro à competição estrangeira, a partir de 1990, observam-se transformações mercadológicas nas empresas nacionais. Isso vem acontecendo paralelamente à globalização das economias mundiais.

É fundamental compreender que atender ao cliente com qualidade é tratá-lo bem, com cortesia. Estudos demonstram que, para a maioria das pessoas, a qualidade do serviço é pelo menos 8% mais importante do que o preço; daí, consumidores estão dispostos a pagar entre 9% e 16% a mais por serviços de qualidade. Segundo a especialista americana Joyce Sullivan, empresas não fazem propaganda, o cliente, sim.

O bom serviço de atendimento depende também dos funcionários. Essas pessoas devem atribuir alta prioridade ao atenderem ao cliente, e nunca desenvolverão tal atitude a não ser que a gerência já a tenha adotado. Até que todos os funcionários compreendam que o objetivo da empresa é servir ao cliente, este nunca receberá o melhor que se tem a oferecer.

Principais obstáculos ao desempenho em situações envolvendo múltiplas culturas

- Discussão das diferenças percebidas como desconfortáveis, inapropriadas, ameaçadoras ou ilegítimas.
- Alteridade percebida como uma ameaça à identidade;
- Expectativa da semelhança e homogeneidade entre as culturas.
- Diversidade cultural é negada, não aproveitada como recurso potencial e se torna um obstáculo significativo.
- Riqueza existente entre as semelhanças pretendidas e a percepção real das diferenças cria situações desconfortáveis.
- Comportamento cauteloso, polidez improdutiva e custosa surgem como mecanismos de defesa para se lidar com as situações. O que leva as pessoas a se arriscarem pouco, a evitarem confronto e a buscarem o mínimo denominador comum.
- Individualismo tipicamente ocidental.
- Medo do esteriotipo.
- Mentalidade provinciana (uma única maneira de pensar e agir).
- Mentalidade etnocêntrica (a melhor maneira de pensar e agir).
- Cegueira ao próprio condicionamento cultural.
- Percepção da outra cultura como sendo um desvio infeliz do padrão.
- Se a diversidade não for reconhecida, compreendida, admitida ou discutida, como poderá ser apreciada, valorizada e utilizada?
- A diversidade cultural assume, assim, um obstáculo passível de fracasso e qualquer sinergia entre as culturas se torna inacessível.

Critérios-chave para o sucesso em negócios de cooperação mútua

- Confiança.
- Relacionamentos face a face.
- Equipes integradas.
- Espaços transicionais.
- Revisão constante do processo de cooperação.
- Transferência de aprendizado em questões de colaboração.

Cuide de sua aparência, ela também conta pontos

Os brasileiros têm uma preocupação com a aparência pessoal e vestuário. O executivo exibe a sua beleza e graça por intermédio da roupa, do corte do cabelo, da barba bem feita, da maquiagem, das joias e da aparência. Roupas de boa qualidade são importantes tanto para as mulheres quanto para os homens. Os brasileiros usam a roupa mais apertada e reveladora. As unhas das mãos e pés bem arrumadas são notadas e apreciadas.

O que você faz?

Qual é a sua aparência?

Imagine-se chegando a um dos meus treinamentos e encontrando uma pessoa com os cabelos despenteados, calças jeans rasgadas no joelho, tênis sujo furado no dedão. Você pensaria: “Devo ter vindo ao lugar errado. Esta não é a pessoa que vai me falar sobre comportamento?”.

Um aspecto importante quanto à aparência pessoal é a conveniência da ocasião: ninguém vai à praia de calça comprida e sapato social ou à missa com uma fantasia de carnaval. Se você quer jogar no Flamengo, não vista a camisa do Santos. Para servir ao exército, não se pode usar a farda da marinha! A boa aparência implica estar vestido de acordo com o momento e com a sua profissão.

Pequenos detalhes fazem grande diferença nos resultados. Lembre-se: você só tem uma oportunidade para causar uma primeira boa impressão no contato. O julgamento que se faz de uma pessoa depende dos primeiros três a quatro minutos. Você dificilmente terá uma segunda chance de causar uma primeira boa impressão.

Se é certo que o trabalho enobrece, não é menos verdadeiro que a viagem cansativa feita às vezes em condições incômodas para se chegar até ele, aliada ao próprio ambiente de nossas ocupações, provoca abatimentos físicos que se refletem em nossa pele.

Mas a preocupação com o trabalho não deve impedir que as pessoas dediquem atenção a esse aspecto fundamental de si mesmas: a boa aparência, apesar dos excessos do calor ou do ar-condicionado, da poeira, dos ruídos, das tensões.

Antes de tudo, é preciso adotar uma atitude interior positiva, para usufruir do prazer tão natural de se sentir com boa aparência em qualquer circunstância. A partir daí, ninguém considerará um sacrifício tomar meia hora ao se levantar para se barbear, se maquilar e fazer um penteado adequado para a jornada de trabalho.

A segunda parte é munir-se de alguns artigos de higiene bem simples. As mulheres podem trazer consigo uma escova de cerdas naturais, um sabonete neutro, lencinhos de algodão bem macios, escova e fio dental e, se quiserem um estojinho de maquiagem. É aconselhável chegar um pouco antes ao local de trabalho para passar alguns minutos no toalete escovando os cabelos, retocando o batom. Quanto a escovar os dentes após as refeições, nem é preciso falar: isso também proporciona uma sensação de frescor.

De malas prontas

O que levar

O mínimo possível. Roupas que não precisem ser passadas são particularmente práticas.

Tente arrumar tudo em uma mala e uma maleta de mão. Certifique-se de que a bagagem esteja claramente identificada e que as etiquetas de viagens anteriores tenham sido removidas.

Alimentação nas viagens

Quando se faz uma viagem longa, pode-se ter a certeza de que não vamos encontrar no fim da linha todos os elementos que estamos acostumados e que satisfazem nosso corpo e o espírito, ajudando a preservar a beleza. Tudo muda: a qualidade da água, dos alimentos, e até os índices de poluição.

Um dos problemas com que nos deparamos são os alimentos excessivamente condimentados, que sobrecarregam o organismo com agentes irritantes que, no mínimo, se manifestarão sob a forma de aspereza ou erupção da pele. Deve-se preferir carne e peixe grelhados, frutas e verduras frescas devem ser ingeridas depois de bem lavadas. Outro ponto é que você não deve alterar seus hábitos porque está "fora de casa" ou se deixar levar pelas influências do clima ou de amigos e conhecidos. Se você faz apenas duas refeições por dia, continue fiel a esse hábito. E assim por diante, sem se esquecer da qualidade, que precisa aproximar-se ao máximo daquela que adotamos no dia a dia.

Durante sua viagem

As viagens são sempre um desafio à pele. Curtas ou longas, sempre implicam transtornos como mudança de ambiente saudável, má acomodação, excesso de frio ou de calor, arejamento insuficiente ou exagerado, falta de alimentação saudável, pequenos desequilíbrios emocionais.

Numa viagem em avião pressurizado, é melhor abrir mão da maquiagem, deixando-a para momentos antes do desembarque, pois, do contrário, a pele ficará meio brilhante e com aspecto desagradável.

Como perfume, os mais refrescantes são as águas-de-colônia. Fragrâncias mais exóticas tornam-se desagradáveis sob os efeitos da atmosfera carregada de fuligem das grandes cidades.

Quanto aos cabelos, use o penteado mais simples possível, pois de nada resolve a sofisticação a essa altura dos acontecimentos.

Outro ponto de transtorno é a transpiração, no calor ou no frio: no calor porque o corpo precisa manter seu equilíbrio térmico; e no frio porque, ao nos agasalharmos, nos aquecemos, fazendo com que o organismo acione seus mecanismos para restaurar o equilíbrio.

A maior preocupação deve ser com as roupas íntimas: elas devem ser sempre de algodão, pois tecidos sintéticos são desaconselháveis e seu efeito negativo se agrava com o excesso de calor e a falta de condições ideais de transpiração. Também é aconselhável o uso de uma camiseta de algodão, qualquer que seja a peça de roupa usada por cima, e levar uma peça desse tipo de reserva na mala, para trocar com aquele que se está usando um pouco antes do desembarque ou até mesmo durante a viagem, dependendo de sua duração.

Por outro lado, evite calças ou jeans justos, que só contribuem para agravar o desconforto. Use uma saia e sapatos folgados, que proporcionem maior conforto às pernas e aos pés, sempre as partes mais atingidas nessas situações.

Mas apenas a moderação na maquilagem e as peças do vestuário confortáveis ajudam a não comprometer sua aparência saudável: também o estado de relaxamento e o sono, que reduzem o tempo da viagem e até embelezam. Não tome bebidas alcoólicas, pois dão uma sensação de euforia apenas passageira, seguida de depressão, sobrecarregando, além disso, os rins.

Calculando a gorjeta

A seguir, relacionamos algumas dicas úteis no momento da gorjeta:

- se o serviço for muito ruim, não deixe nada, mas comunique ao gerente;
- se for entre fraco e razoável, deixe de 10 a 14%;
- se for bom, ou seja, rápido e preciso, 15%;
- se for muito bem e atencioso, até 18%;
- se for excelente, superando as expectativas, até 20%;
- se for extraordinário, inesquecível, deixe de 21 a 25%.

Selecionando uma agência de viagens especializada em negócios

Designar uma única agência de viagens para concentrar todas as reservas é fundamental para o controle de gastos da empresa. Essa prática assegurará que a política de viagens e os fornecedores preferenciais sejam utilizados, as informações de cada transação sejam registradas e, ainda, maximizará o retorno do investimento aplicado nos preparativos de viagens.

Muitas empresas, principalmente aquelas sem um gerente de viagens, normalmente deixam de se beneficiar de todos os serviços oferecidos por uma agência.

As agências especializadas em viagens de negócios são verdadeiras parcerias na otimização dos preparativos de viagens, gerando redução de custos e excelentes serviços para os viajantes e para a empresa. Dentre os serviços disponíveis, as agências especializadas em viagens de negócios podem oferecer os seguintes:

Relatórios gerenciais

As informações capturadas nos preparativos de viagens são consolidadas e tornam-se ferramentas úteis na negociação com fornecedores, para fins de orçamento e previsão e, ainda, ao monitorar os acordos existentes com companhias aéreas, hotéis e locadoras de automóveis.

Políticas de viagens e relatórios de exceção

Fornecer um código de política de viagem à agência pode ser o caminho mais eficaz para comunicar e determinar seu cumprimento.

Programas de descontos em hotéis

A maioria das agências já têm tarifas negociadas por elas mesmas, algumas vezes em nível mundial, podendo reduzir consideravelmente os custos com hospedagem.

Assistência na negociação

Algumas agências dispõem de especialistas em negociações para assessorar as empresas.

Perfil do viajante

Trata-se de um serviço oferecido pelas agências, visando a economizar o tempo do viajante e a agilizar o processo de reservas.

A relação

Existem dois tipos de abordagem para a empresa selecionar uma agência de viagens: considerá-la adversária ou parceira. A primeira requer que a tensão entre o comprador e o fornecedor nunca acabe: o comprador sempre demanda mais do que pode ser esperado; nunca reconhece o valor do serviço recebido, considerando-o sempre inadequado; a agência comporta-se sempre defensivamente, sem saber o impacto que a nova demanda provocará sobre seu lucro. Assim, uma agência nestas condições raramente oferecerá um serviço novo ou especializado voluntariamente, ela cumprirá estritamente o que está descrito no contrato.

Já a abordagem de parceria é, sem dúvida, muito mais produtiva. Ela requer que cada uma das partes entenda os negócios e os interesses financeiros da outra. Nesse caso, ambas procuram benefícios mútuos e acordos produtivos. Esse tipo de relacionamento é muito mais duradouro e resulta em maiores benefícios, prazer e recompensas para as partes.

A seleção

As empresas normalmente mudam de agência de viagens com o objetivo de obter melhor qualidade de serviços e redução de custos. Esse tipo de decisão não pode ser tomada isoladamente, devendo contar com o consenso de vários departamentos. Trata-se de um passo bastante importante que demanda tempo, atenção e algumas práticas tais como solicitar opiniões das partes interessadas sobre a agência já existente, assim como recomendações e requisitos para a nova agência. A coleta de informações individuais e corporativas dá suporte ao projeto de mudança. O próximo passo é destacar um líder para o desenvolvimento da mudança.

Definir responsabilidades

A definição de responsabilidades implica a necessidade de que uma pessoa seja destacada para conduzir o processo de seleção de uma agência. Normalmente, a pessoa escolhida é o gerente de viagens, porém na falta deste, outro profissional qualificado pode assumir o projeto.

Solicitar informações

O passo seguinte é identificar agências para as quais se solicitará uma proposta. Estas informações podem ser conseguidas com os gerentes de viagens de outras empresas. Outra forma que pode trazer bastantes benefícios é a elaboração de uma requisição de proposta, na qual são esclarecidas as necessidades da empresa e incluídas informações para que as agências possam calcular o potencial de retorno.

Informações que devem integrar uma requisição de proposta

- Total do gasto anual de V&R.
- Total do volume anual de gastos:
  - passagens aéreas;
  - hotéis;
  - locação de veículos.
- Para cada localidade a ser servida:
  - volume de passagens aéreas;
  - número de viajantes.
- Porcentagem do volume de voos:
  - internacional;
  - nacional;
  - regional.
- Ponte aérea.
- Preço médio dos bilhetes.
- Política de viagens e restrições das classes de serviços.
- Principais rotas e destinos.
- Fornecedores preferenciais.
- Formas de pagamento a serem utilizadas.

Divulgando e implementando

Após a escolha da agência, notifique a conclusão e inicie a fase de implementação do serviço. Além de um período para o entrosamento empresa/agência, alguns cuidados devem ser tomados:

- selecione uma equipe de implementação que deve ser composta por pessoas envolvidas no processo da seleção da agência e por representantes das áreas de recursos humanos, contabilidade, transportes e processamento de dados;

- prepare um contrato. A elaboração do contrato ou acordo formal deve ser feita com o apoio das áreas jurídicas e de compras, detalhando os serviços a serem prestados para evitar mal-entendidos futuros;
- desenvolva um plano de comunicação. Revise sua política de viagens, notifique todos os envolvidos no processo. Distribua e recolha o perfil do viajante. Faça uma apresentação formal da nova agência;
- especifique os requerimentos para os relatórios gerenciais, incluindo dados, formato, frequência e destinatários;
- determine e comunique as formas de pagamento;
- mantenha um canal aberto de comunicação entre a agência e todos os envolvidos no processo de viagens.

PONTOS PARA FIXAR

CONHEÇA A TECNOLOGIA GERENCIAL E TAMBÉM AS DIFERENÇAS CULTURAIS.

CONHEÇA OS COSTUMES DO POVO COM O QUAL ESTÁ NEGOCIANDO.

LEMBRE-SE DE QUE UMA SIMPLES GAFE PODE ARRUINAR O TRABALHO DE MESES.

Você recebeu neste livro uma série de informações e orientações sobre as diferentes culturas. A maneira como vai usar esses conhecimentos depende só de você. O sucesso para as negociações está em suas mãos.

RECOMENDAÇÕES

FASTEN SEAT BELTS

É UM GUIA BEM DISPOSTO PARA EVITAR MAL-ENTENDIDOS NAS VIAGENS. DE UMA FORMA INOVADORA DE APRENDER E DESCOBRIR SOBRE DIFERENTES CULTURAS:

<HTTP://WWW.FASTENSEATBELTS.EU>

MODEL BUSINESS LETTERS, EMAILS AND OTHER BUSINESS DOCUMENTS FINANCIAL TIMES PUBLISHING

É UM LIVRO DA BRITÂNICA SHIRLEY TAYLOR QUE MORA E TRABALHA EM CINGAPURA. O LIVRO DEMONSTRA A MANEIRA CLARA E CONCISA DE ESCREVER NOS DIAS ATUAIS.

Bibliografia

Axtell, R. E. *Gestos*. Rio de Janeiro, Campus, 1995.

Morita, A. *Made in Japan*. São Paulo, Editora Cultura, 1986.

Musawi, L.; Sayed, M. *La civilización occidental vista por ojos masulmanes*. República Islâmica do Irã, Oficina de Promocion de La Cultura Islâmica, 1990.

Mutahari, M. *Os direitos da mulheres no Islã*. Portugal, Alqalam, 1988.

Paz, O. *Vislumbres da Índia*. São Paulo, Mandarim, 1996.

Model Business Letters, Emails And other business couments. Shirley Taylor. Publishing Financial Times, 2012.

Fernanda Ramone. Pesquisadora da CCIBC.

Suzana Doblinski Jöhr

Poliglota, consultora e pesquisadora, é extremamente experiente e comprometida com atitudes e comportamentos para que pessoas tenham sucesso na vida pessoal e profissional.

Ministra seminários de etiqueta internacional e empresarial no Brasil e no exterior. Tendo como recentes clientes no exterior:

- Surval-Mont Fleuri
- Alimentarium- Musée de l'alimentation
- Ecole le Chatelard
- Institut Monte Rosa

Impresso em São Paulo, SP, em setembro de 2013,
em papel Avena 80g/m², nas oficinas da Arvato.
Composto em GoudyOlSt, corpo 11 pt.

Não encontrando esta obra nas livrarias,
solicite-a diretamente à editora.

Escrituras Editora e Distribuidora de Livros Ltda.
Rua Maestro Callia, 123
Vila Mariana – São Paulo, SP – 04012-100
Tel.: (11) 5904-4499 – Fax: (11) 5904-4495
escrituras@escrituras.com.br
vendas@escrituras.com.br
imprensa@escrituras.com.br
www.escrituras.com.br